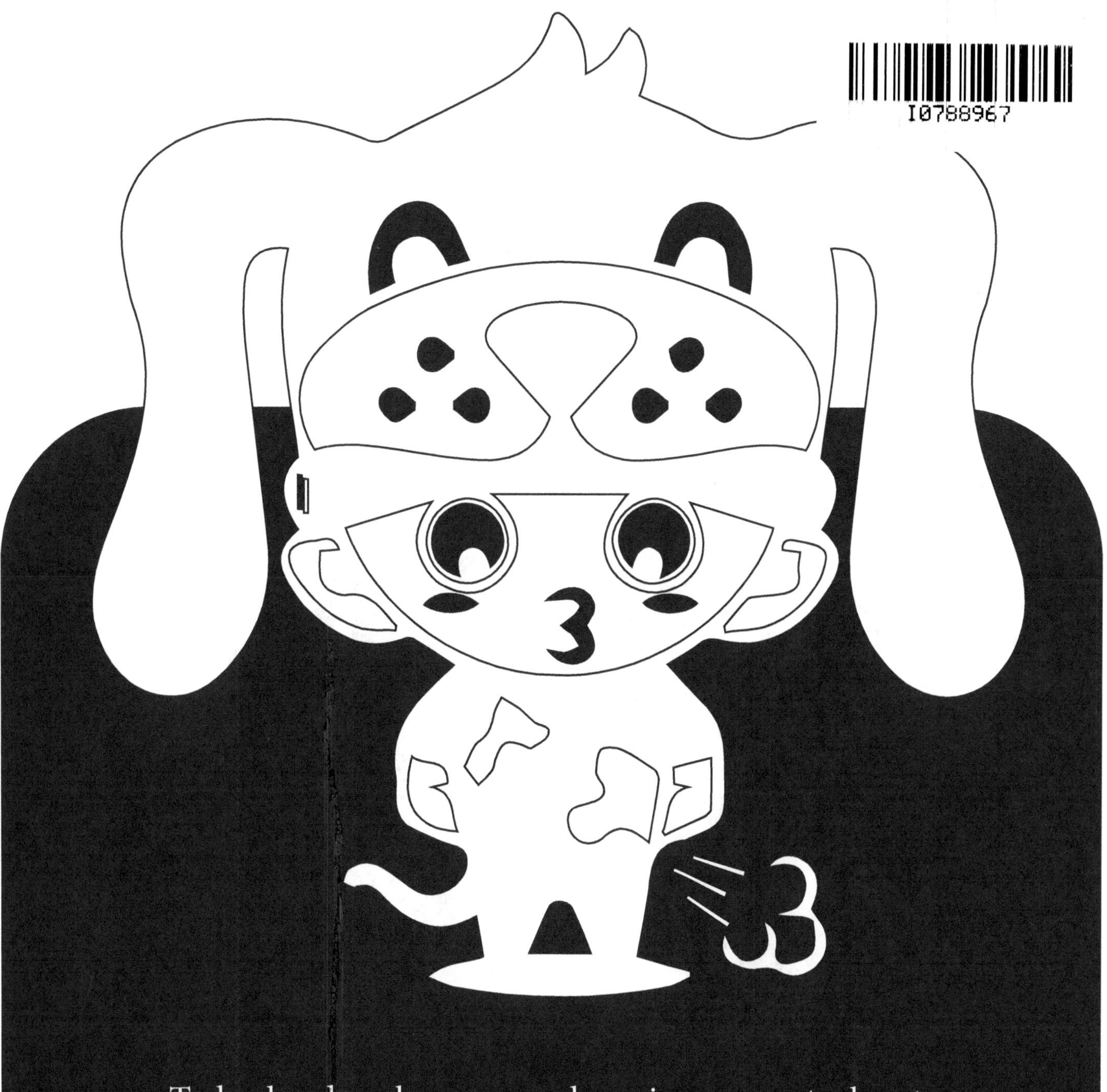

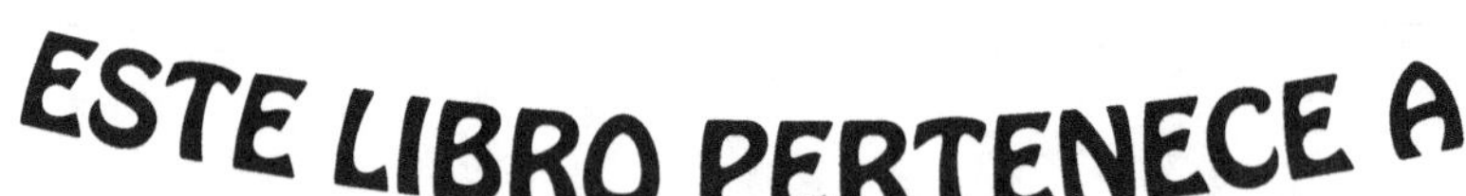
ESTE LIBRO PERTENECE A

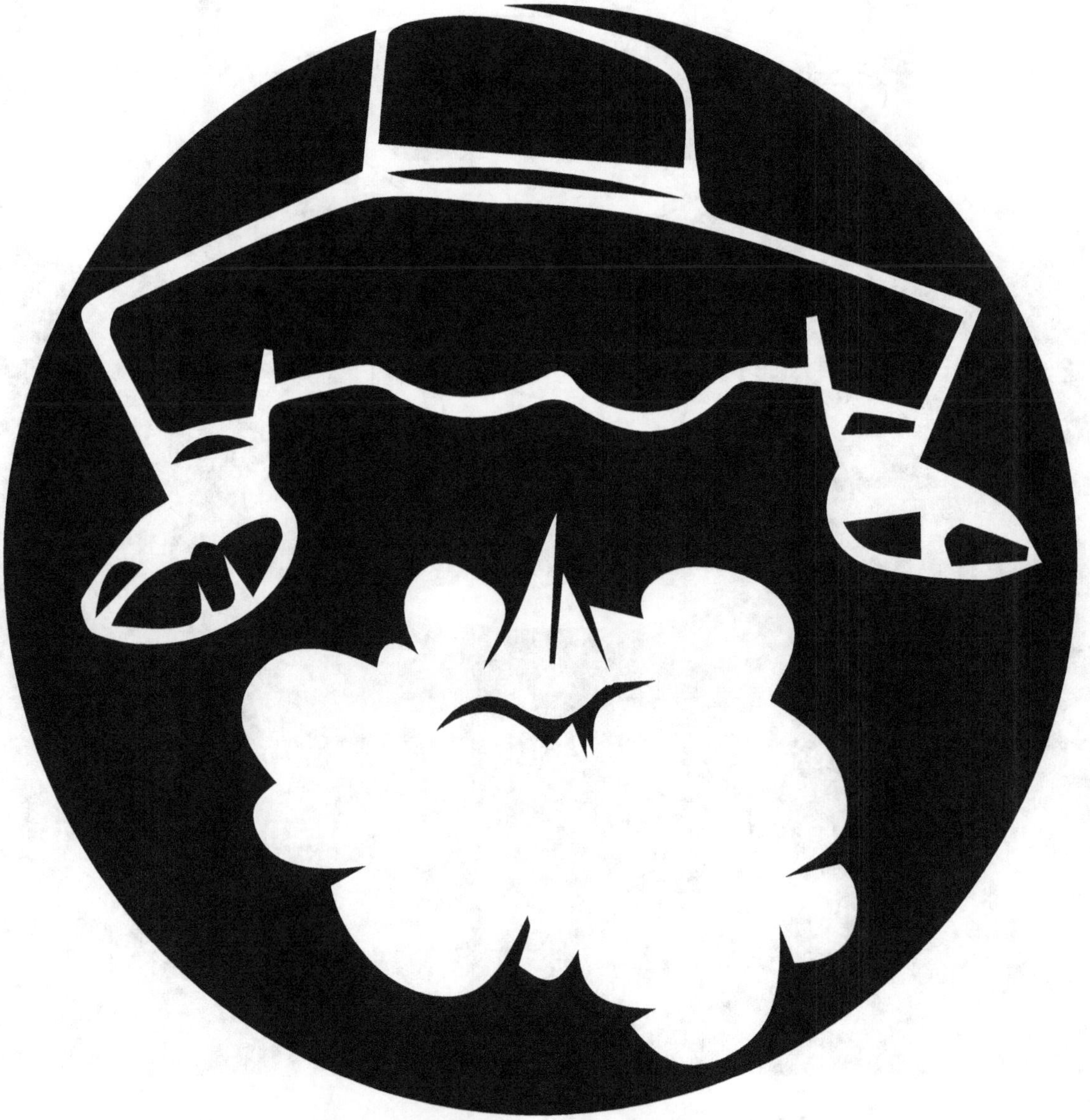

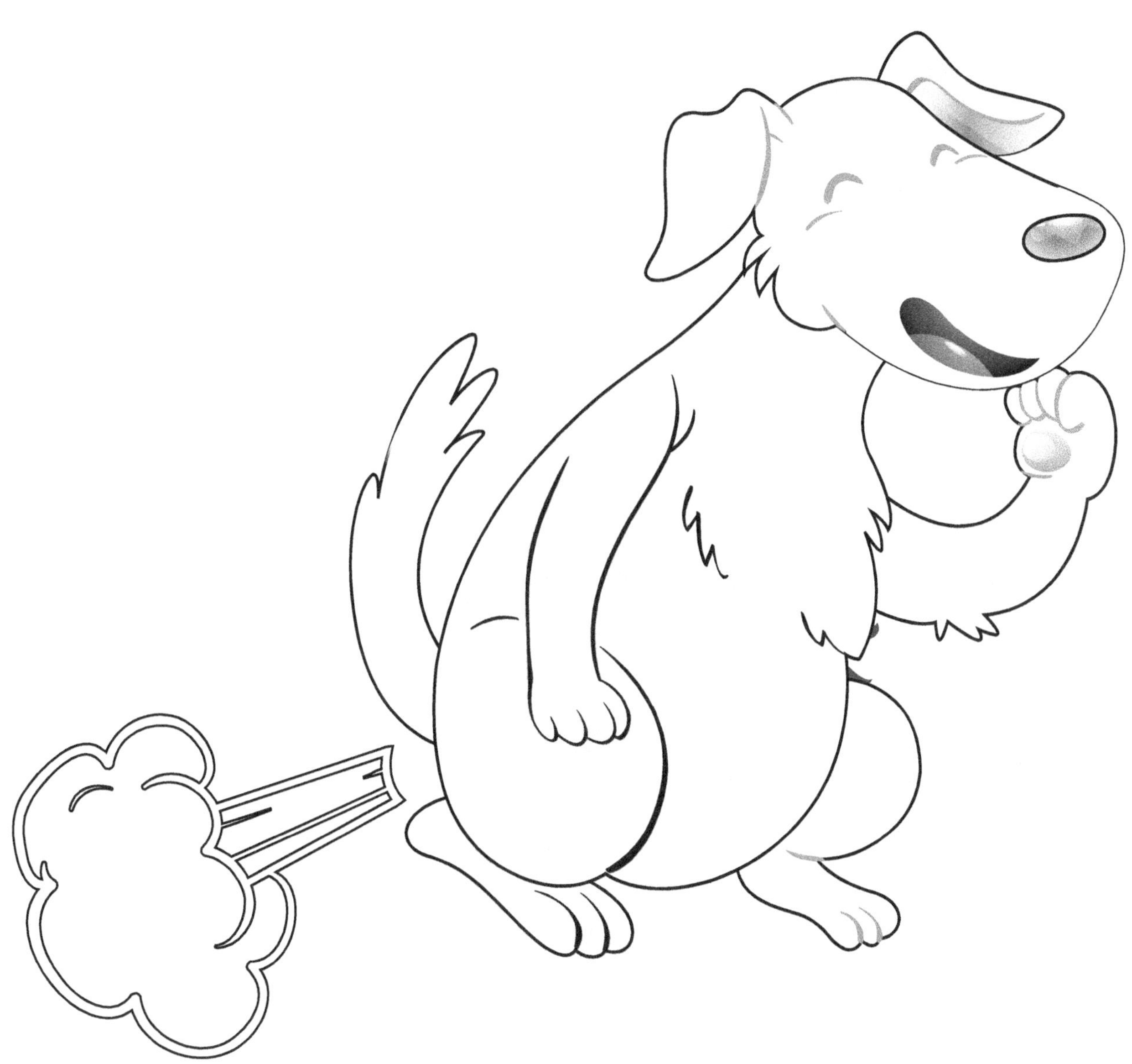

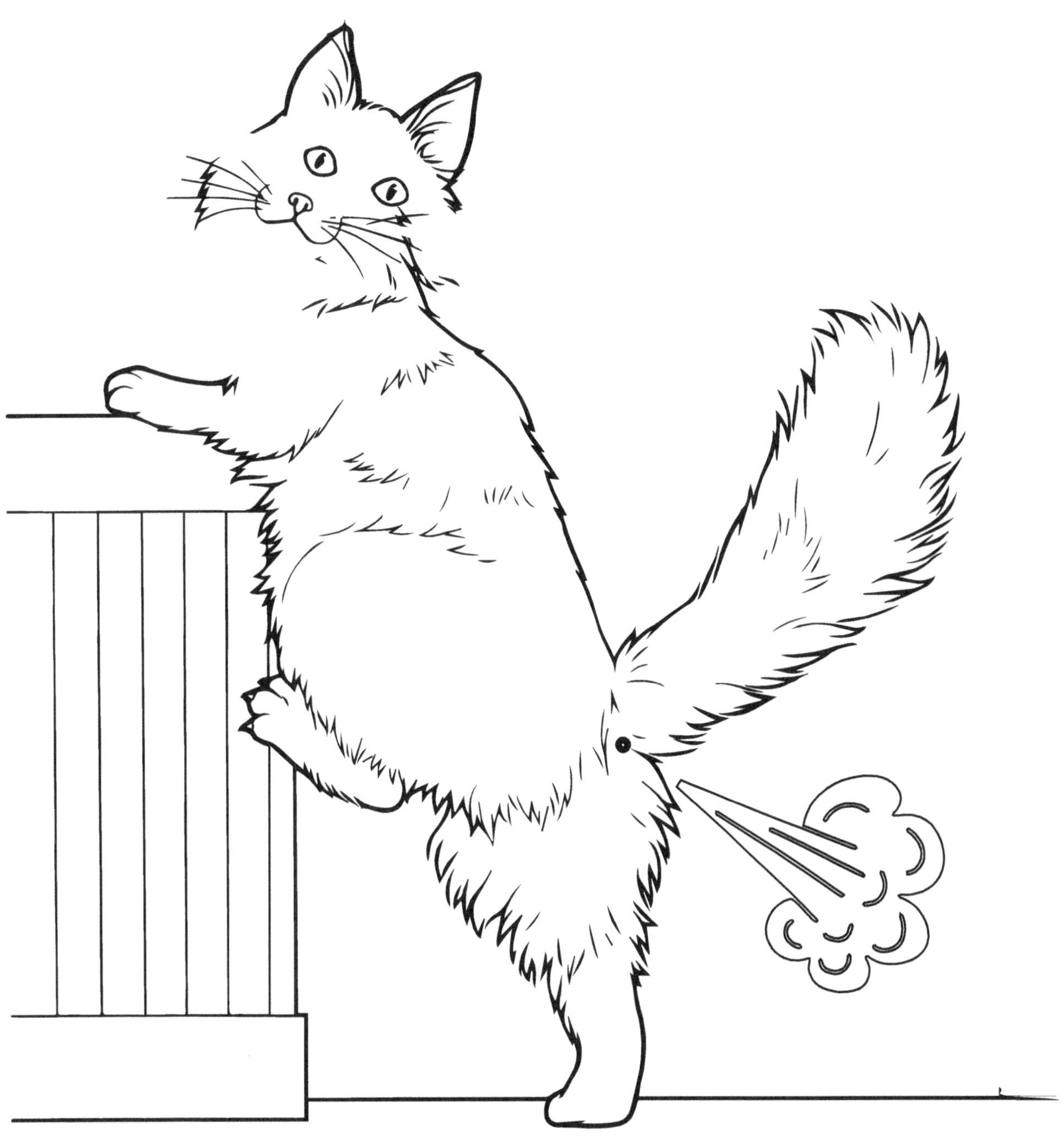

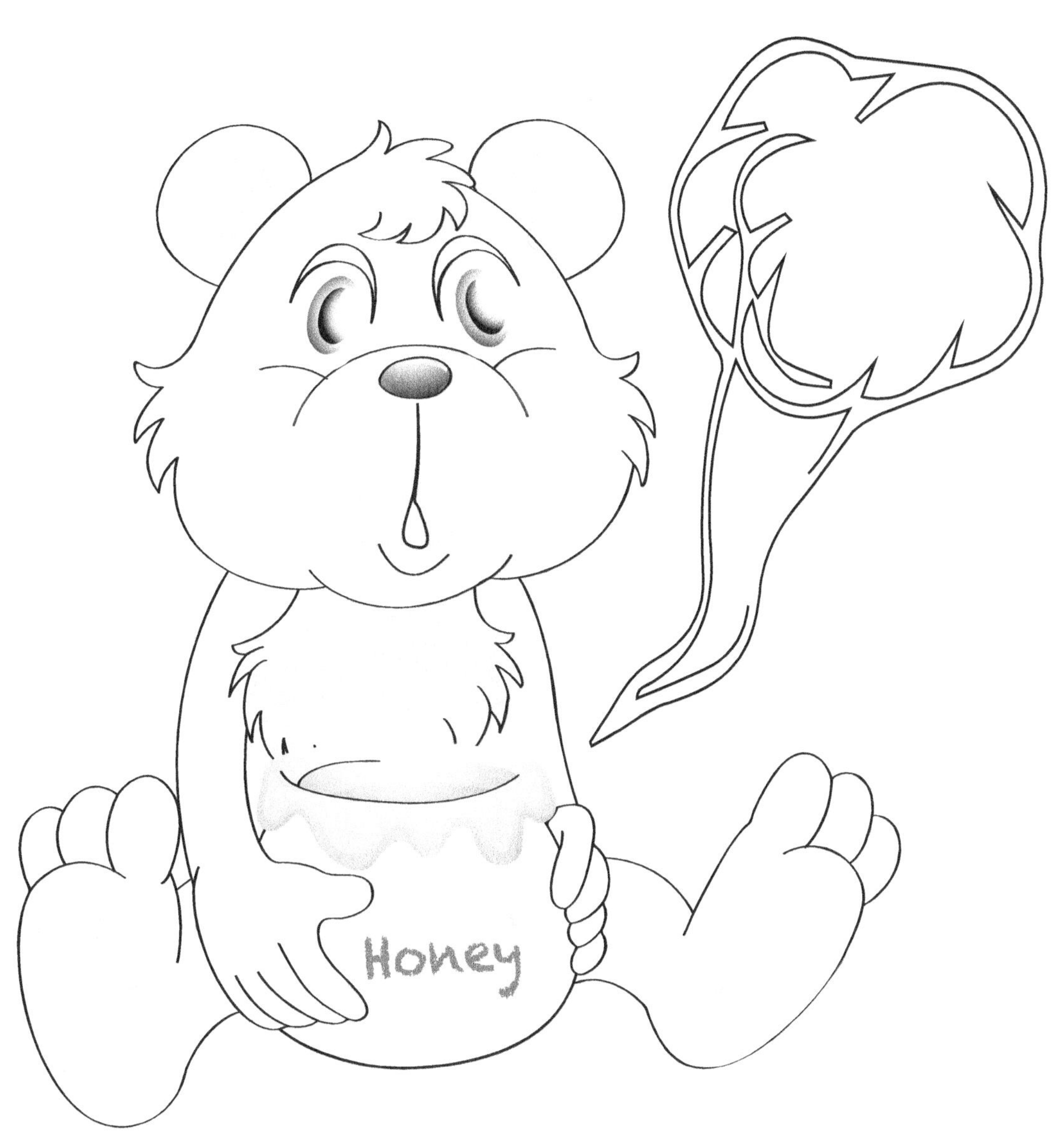

Honey

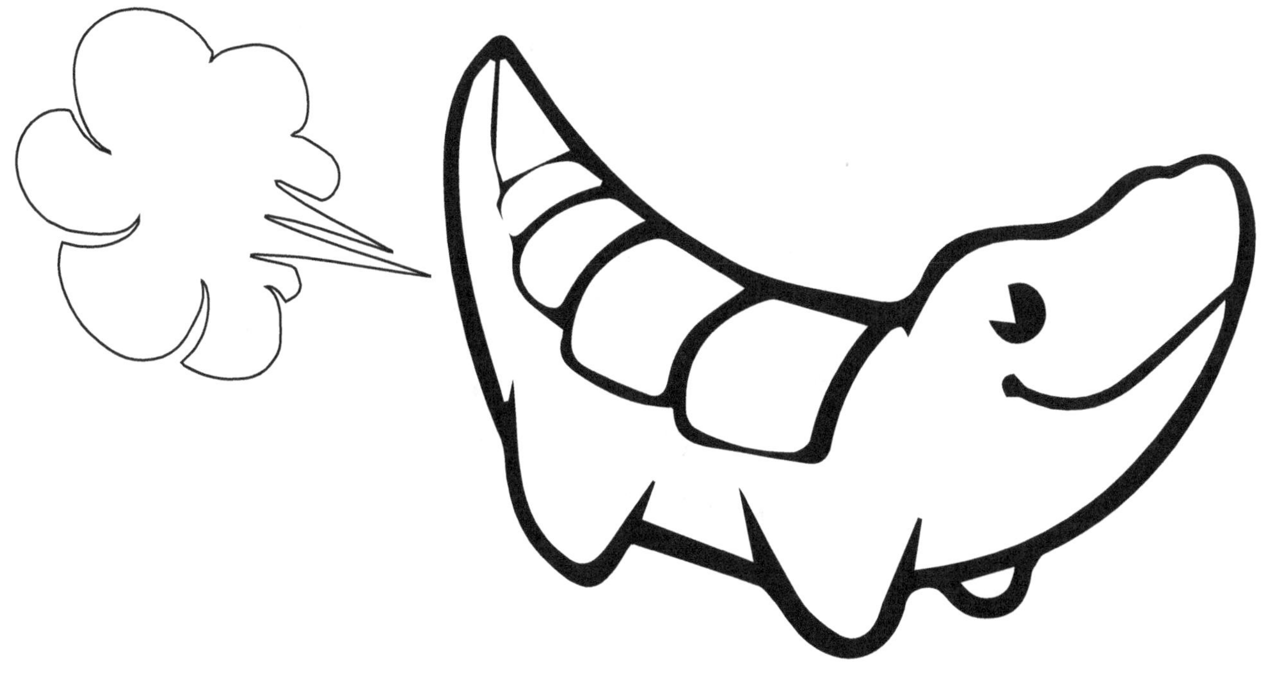

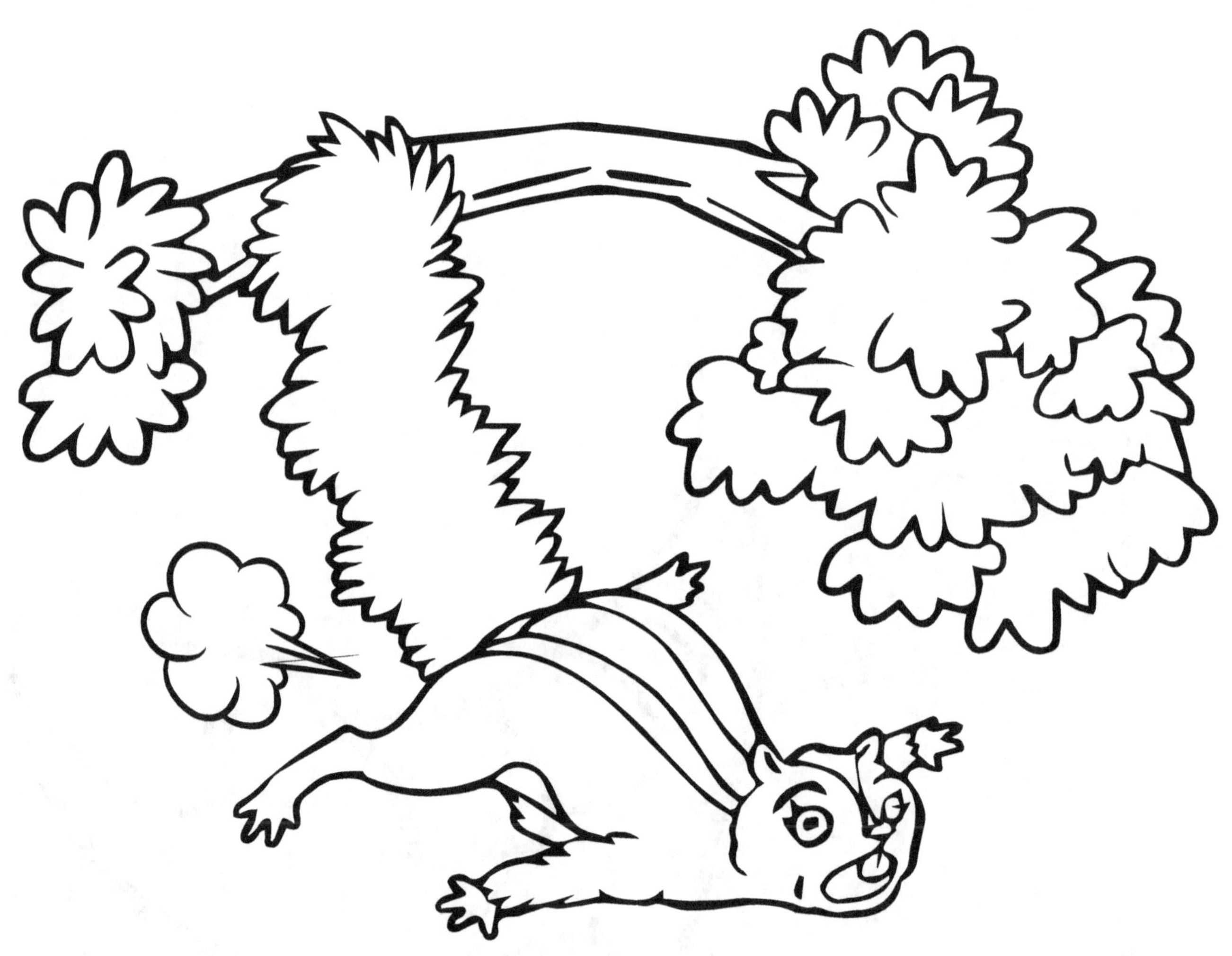

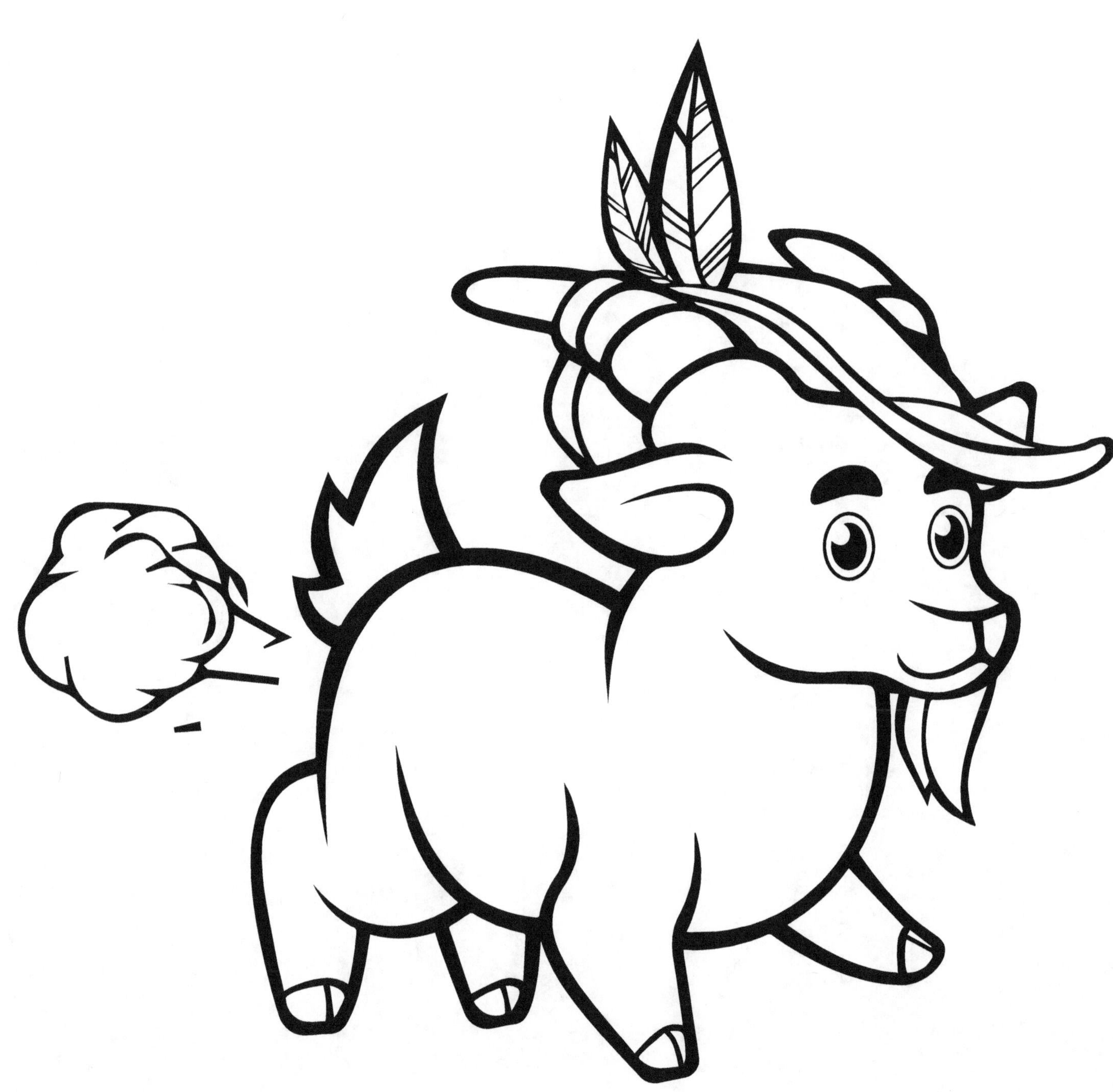

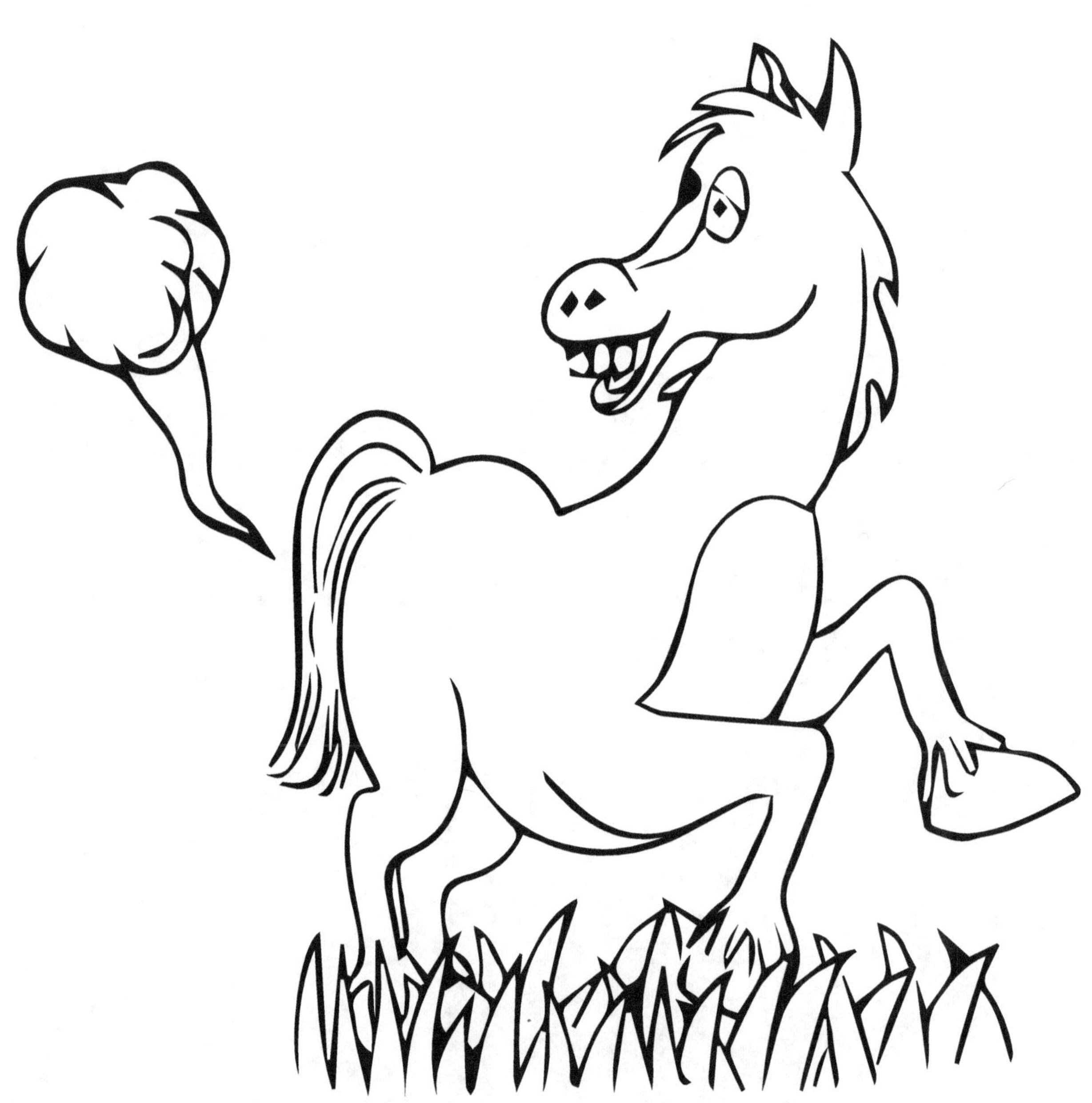

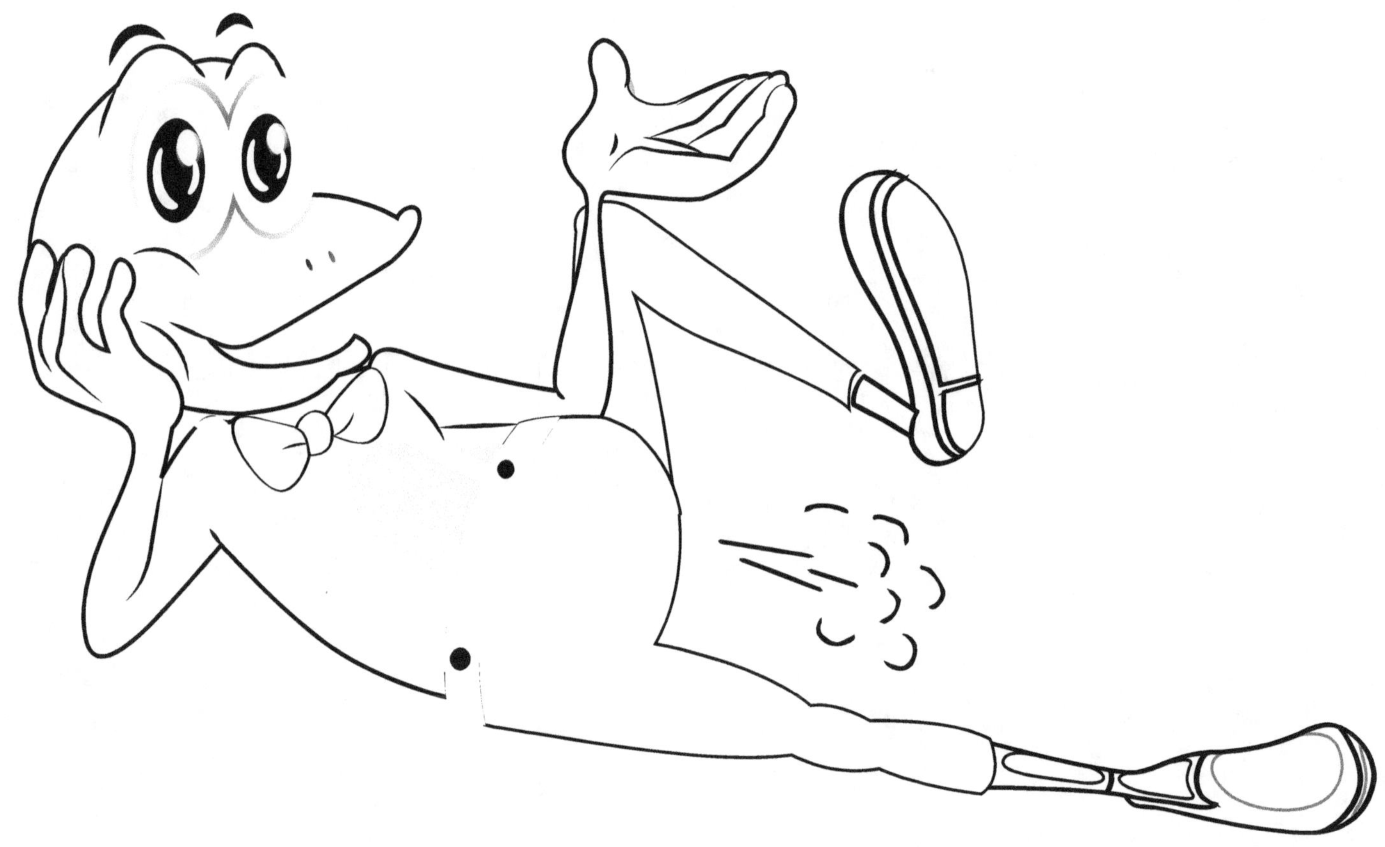

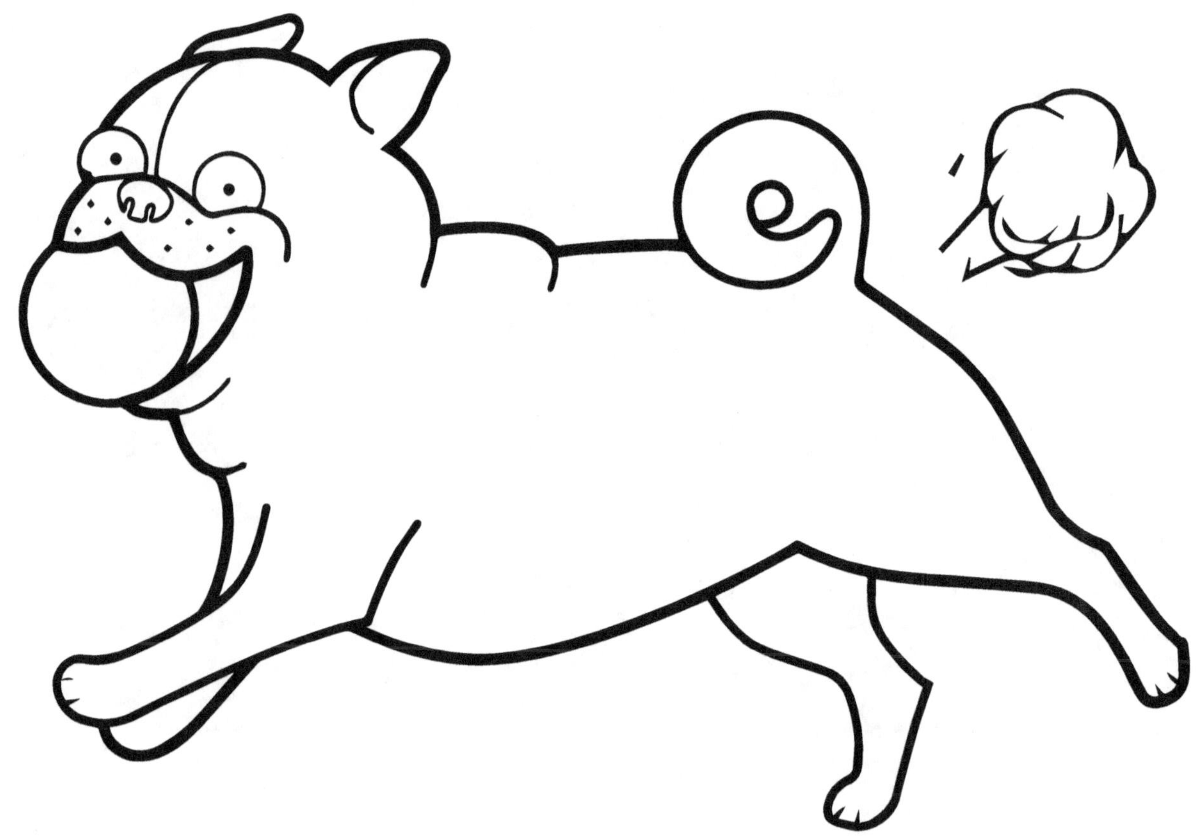

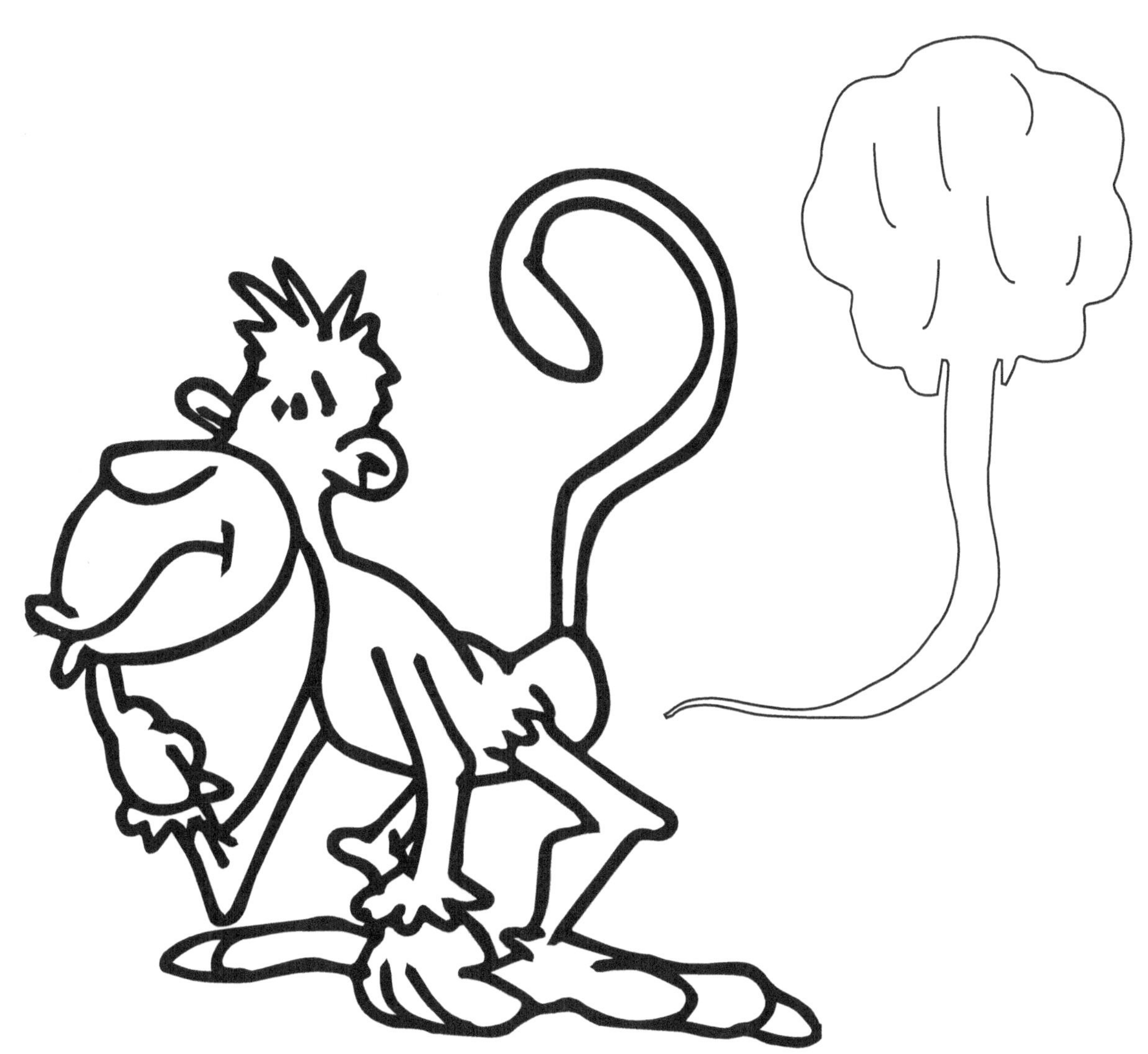

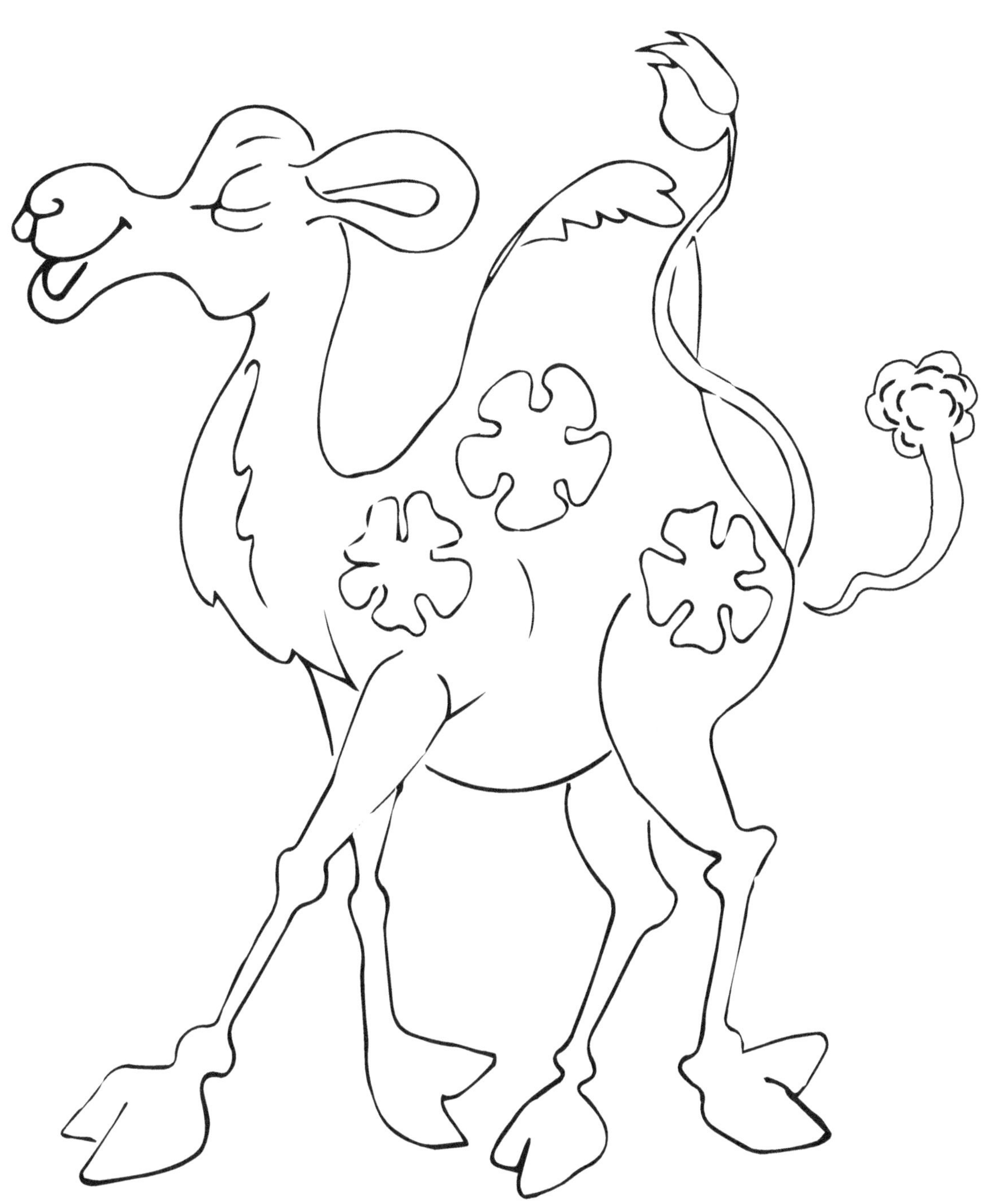

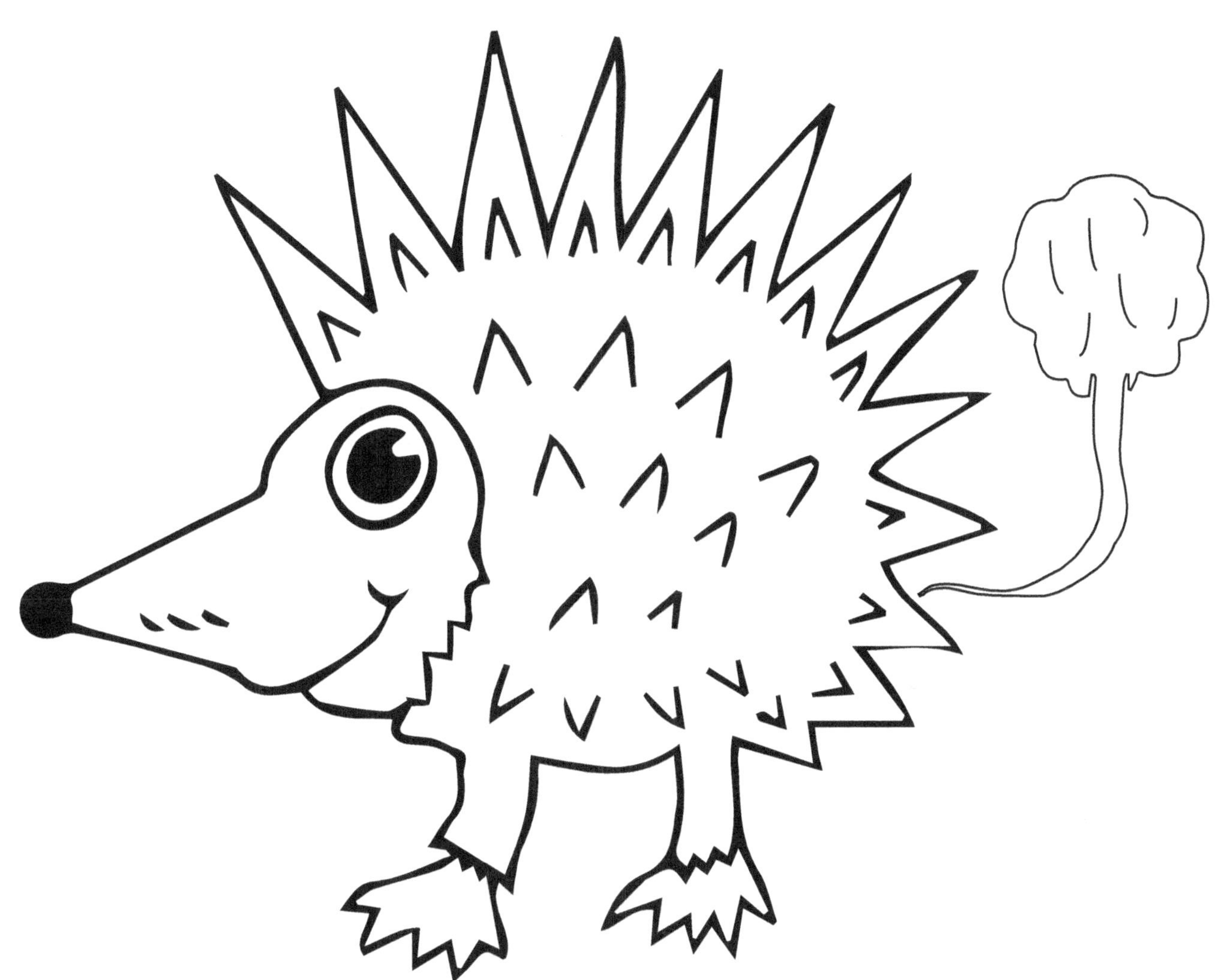

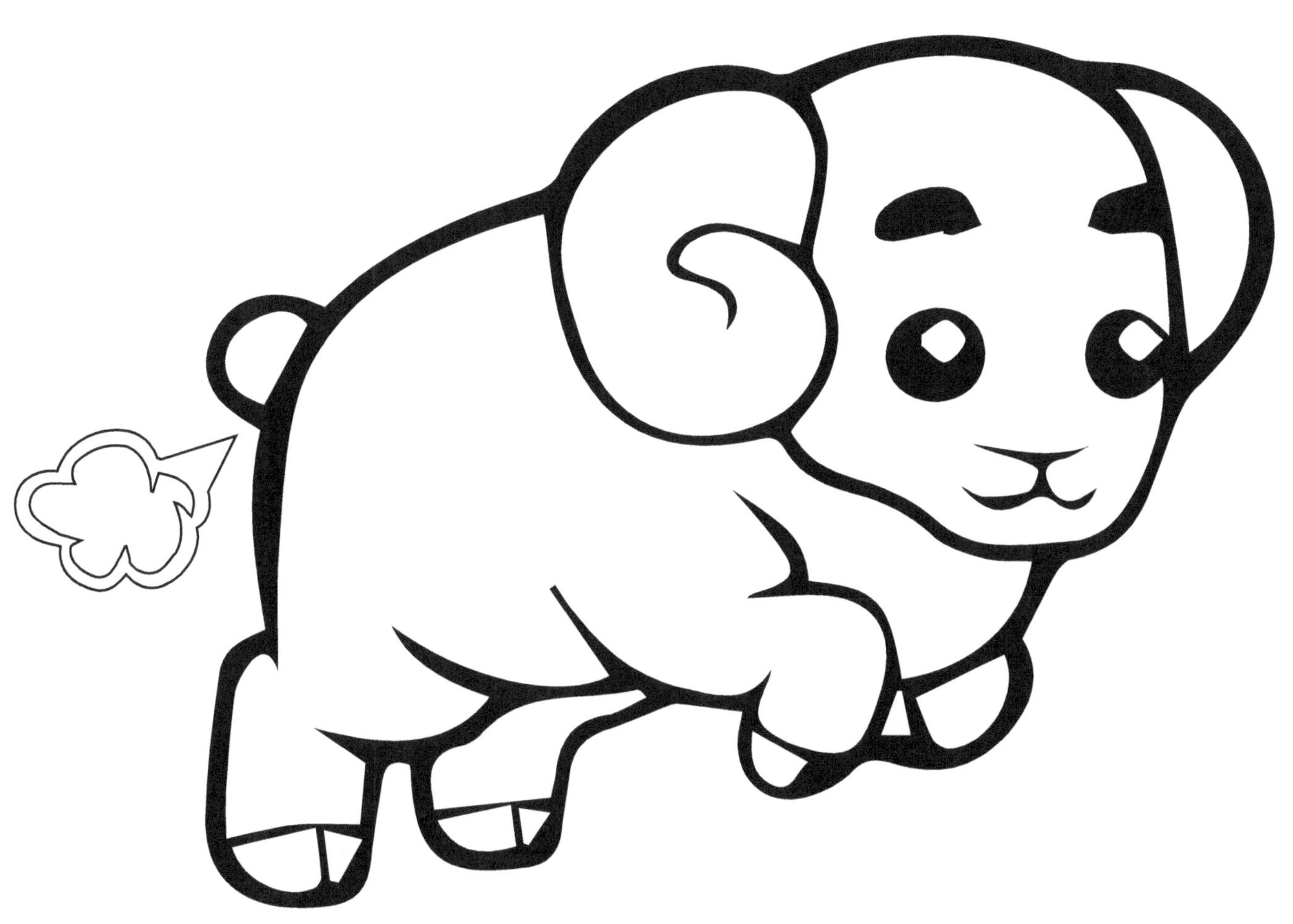

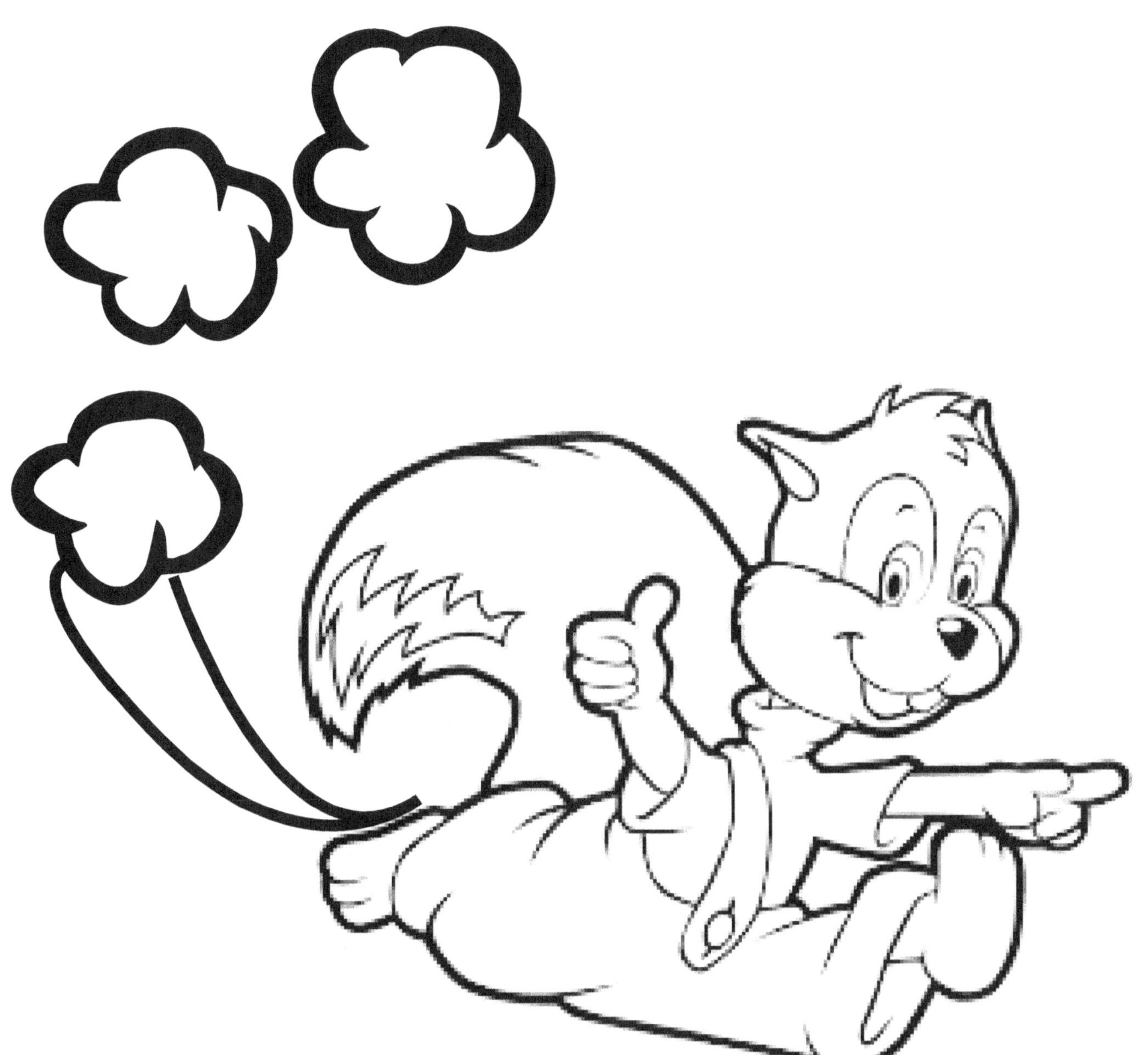

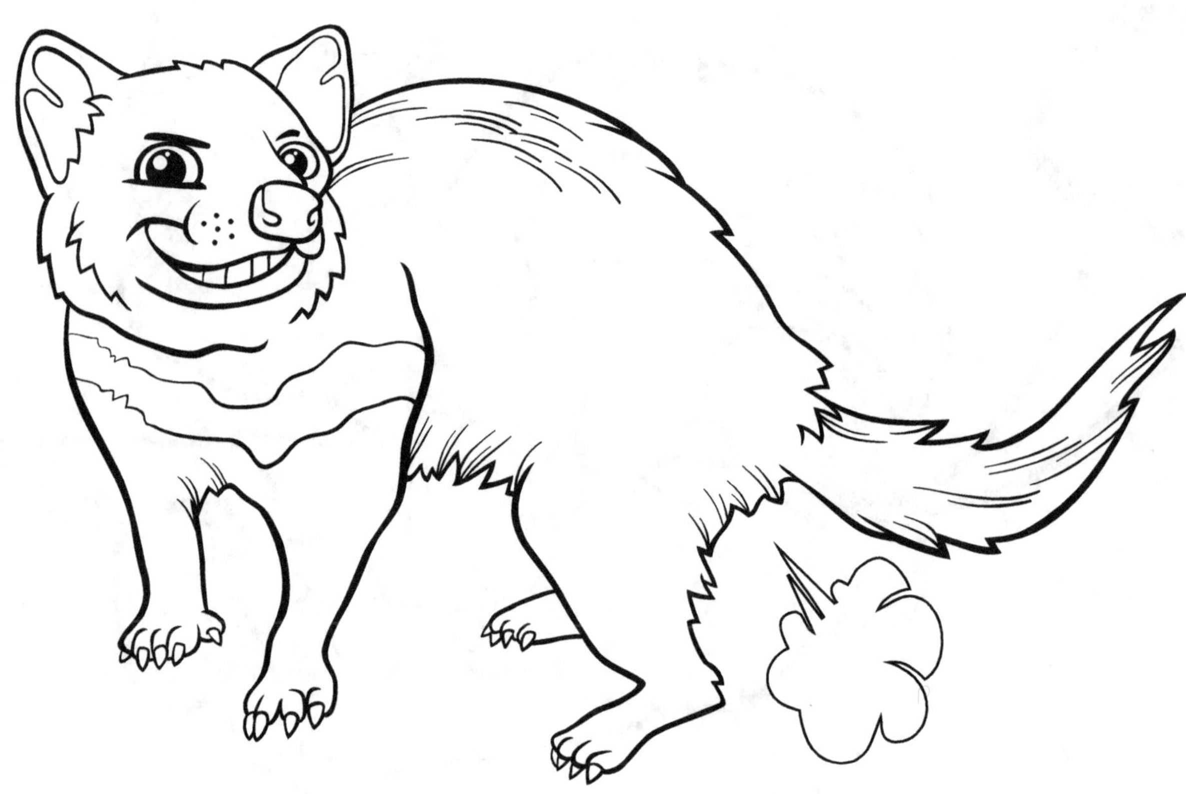

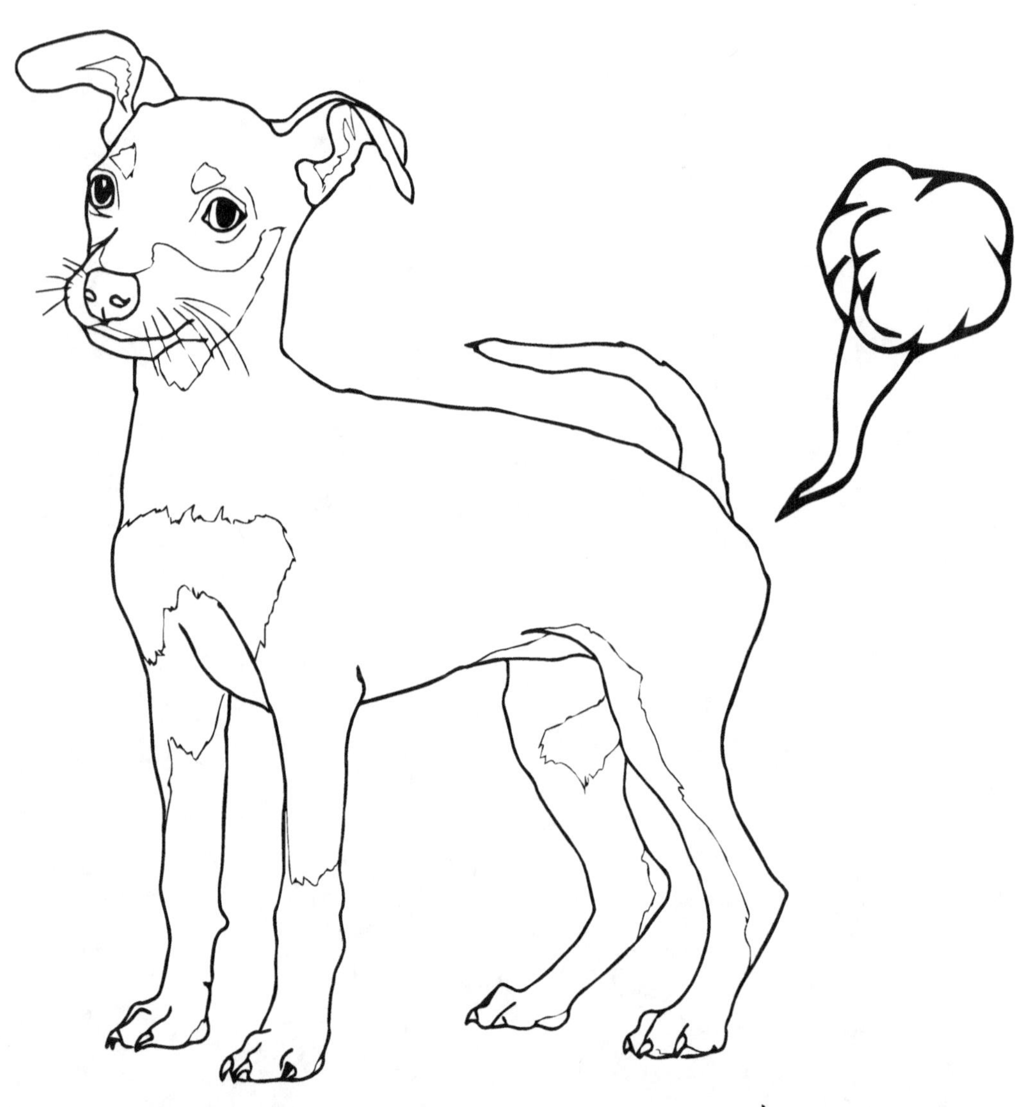

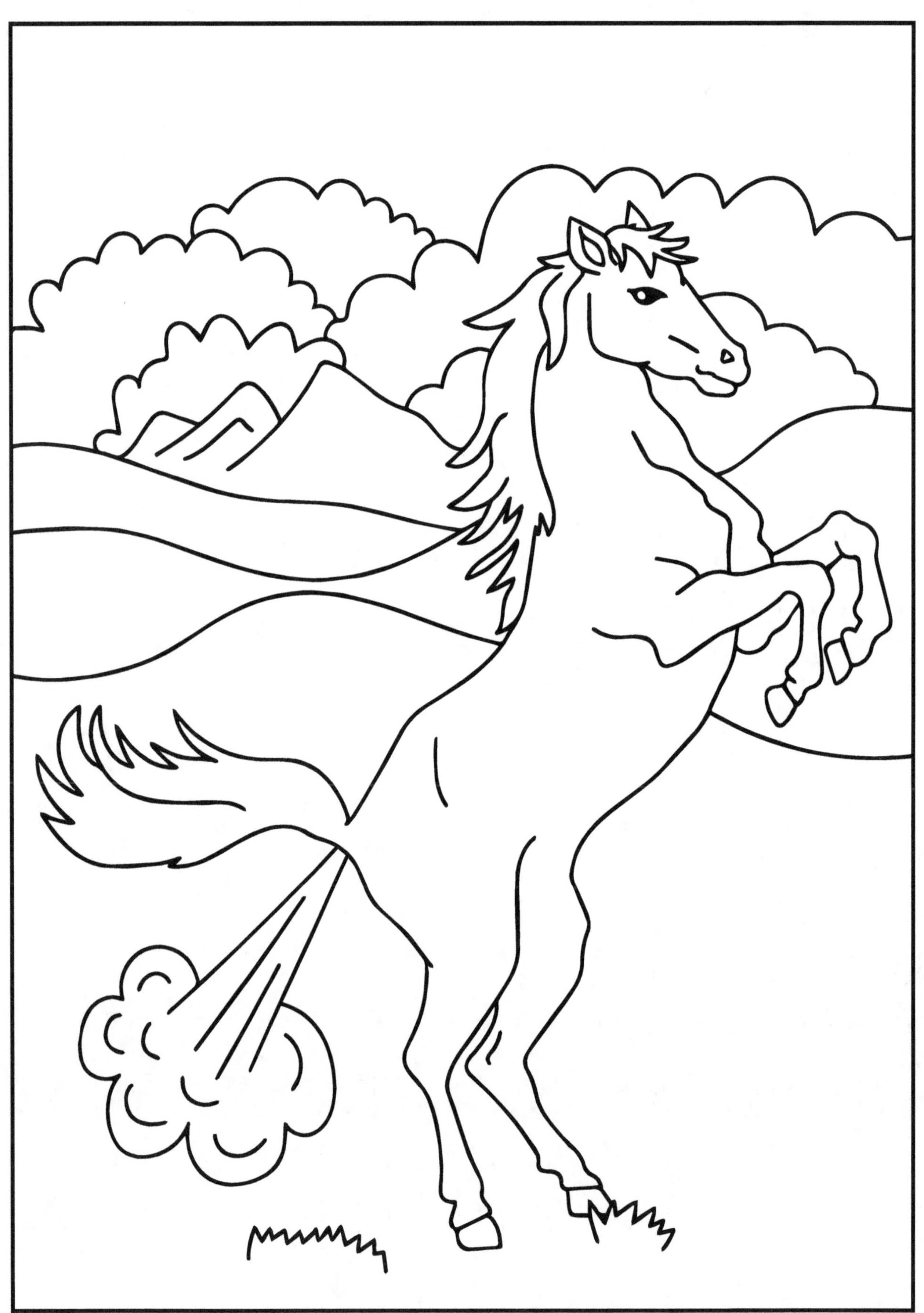

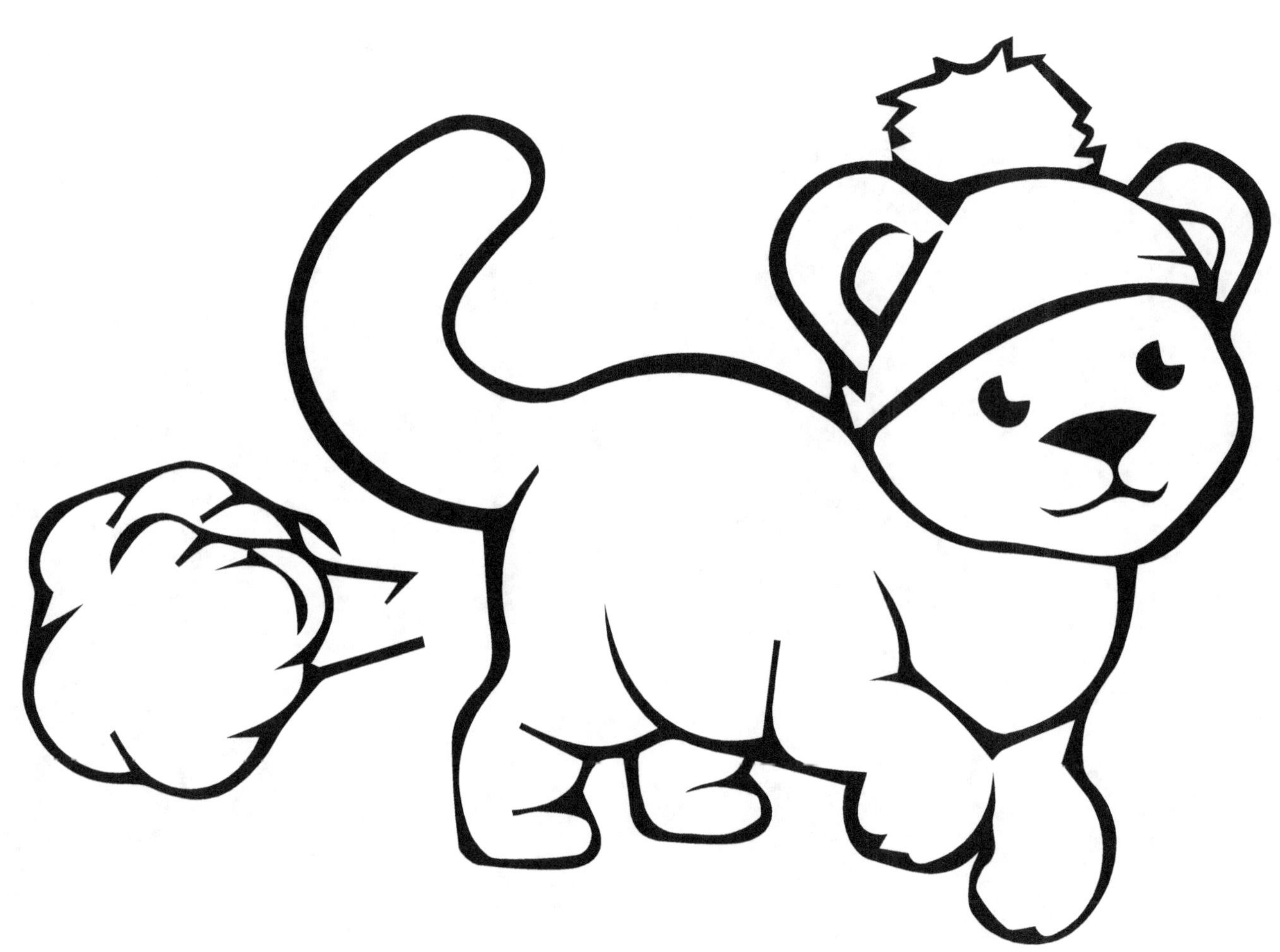

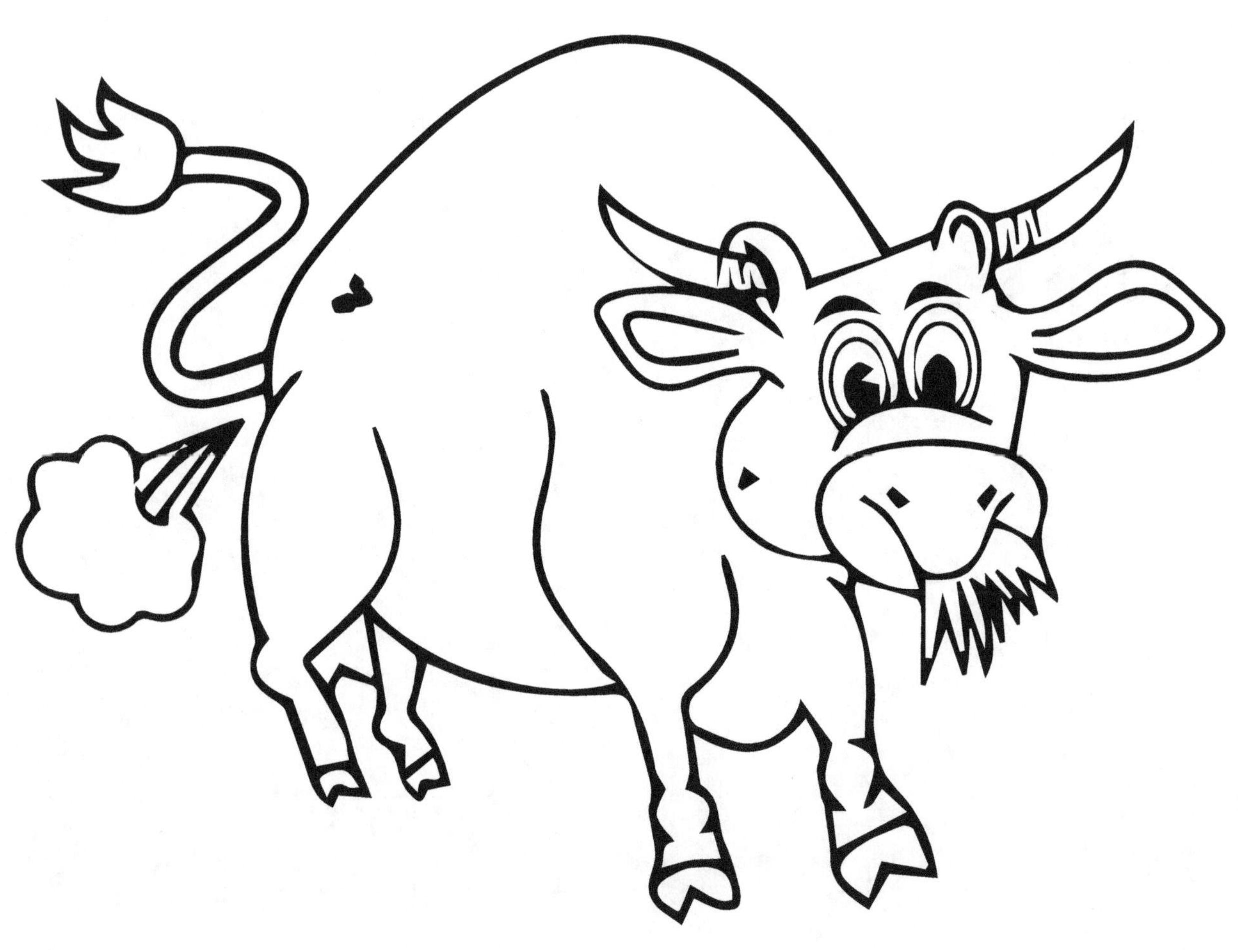

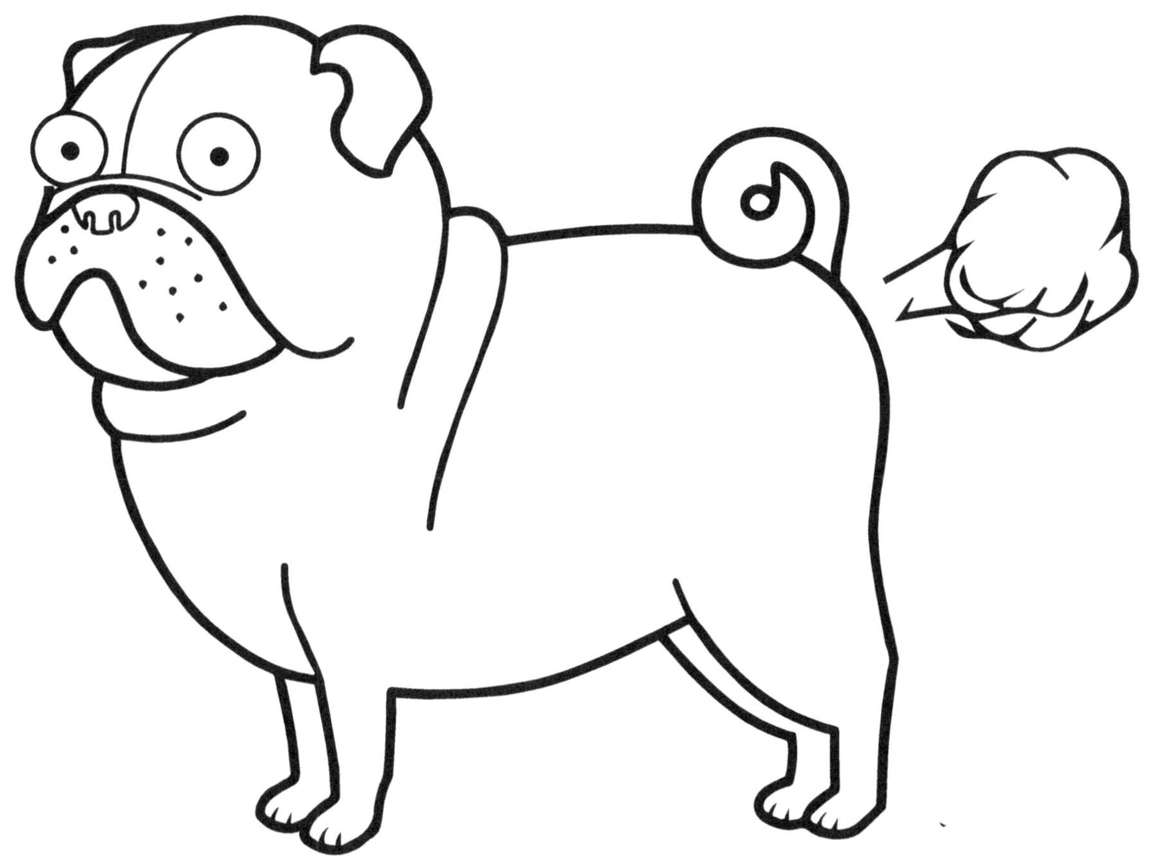

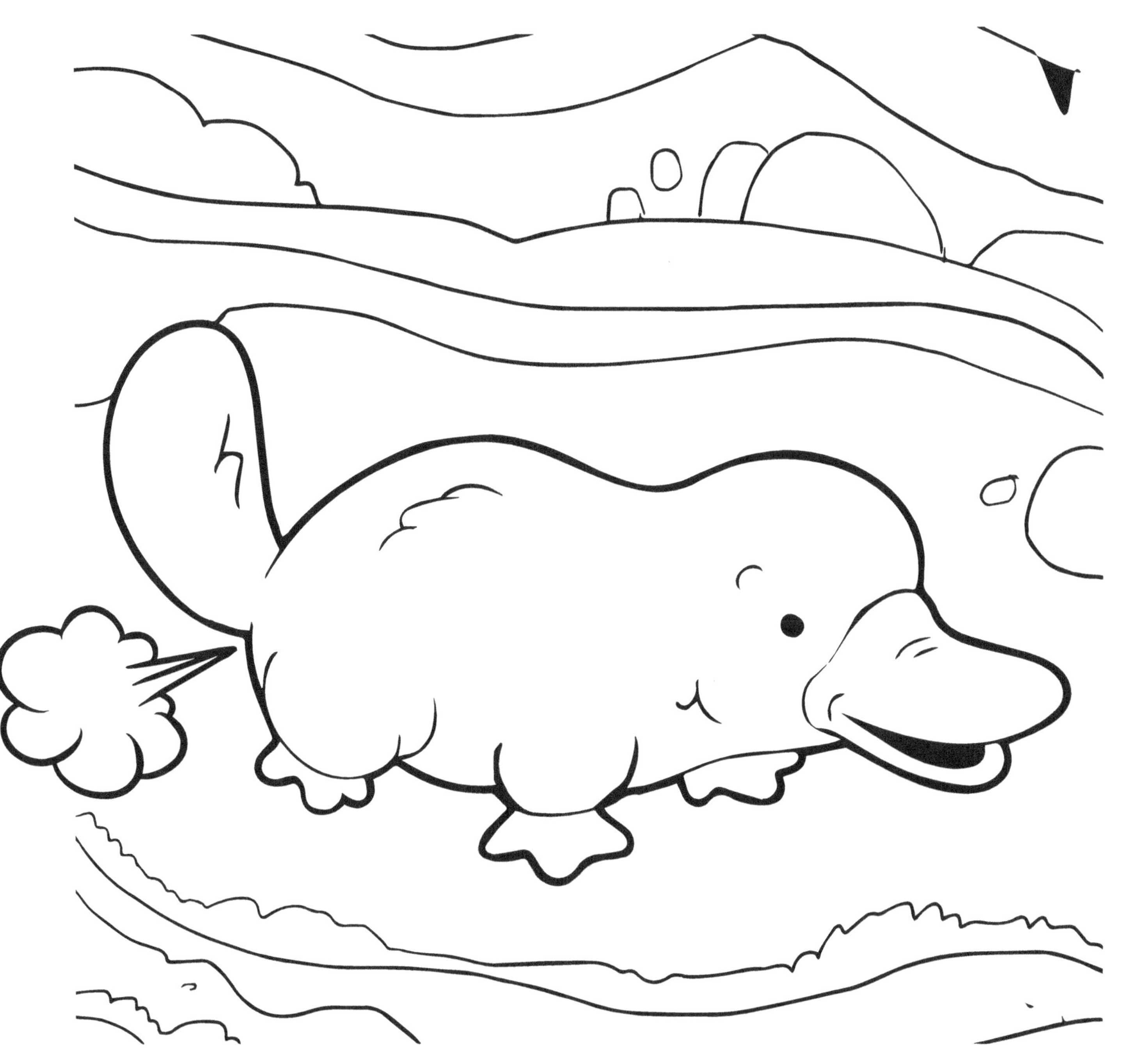

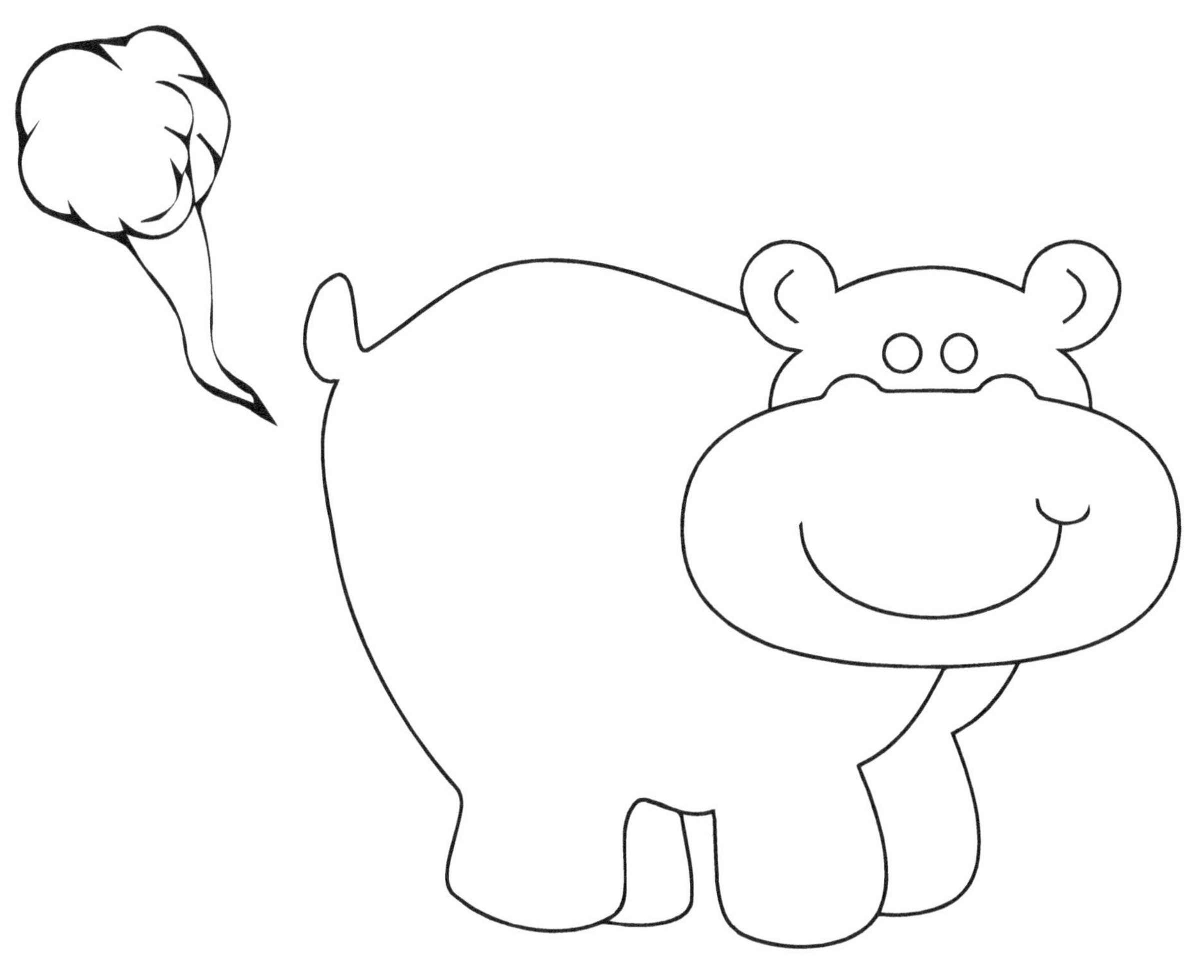

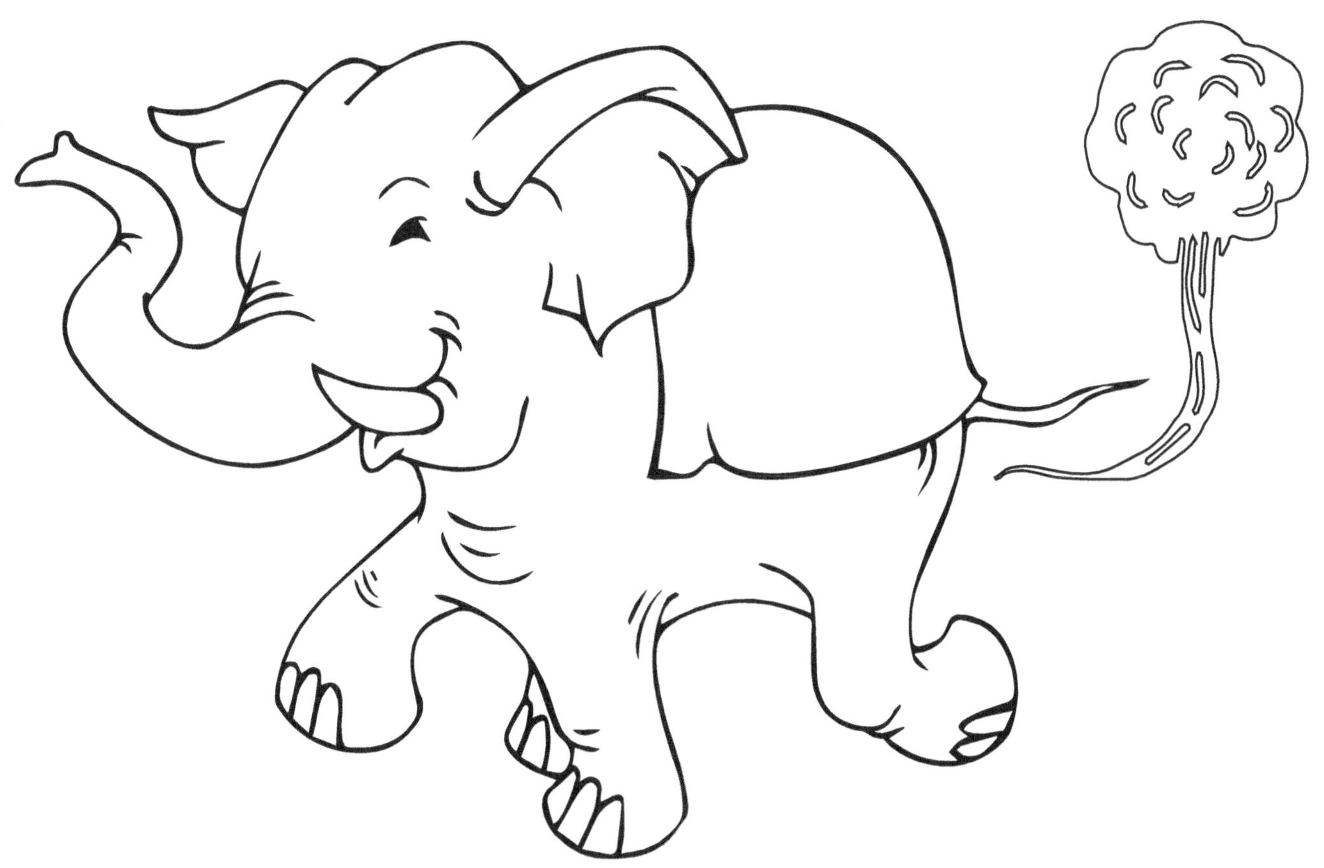

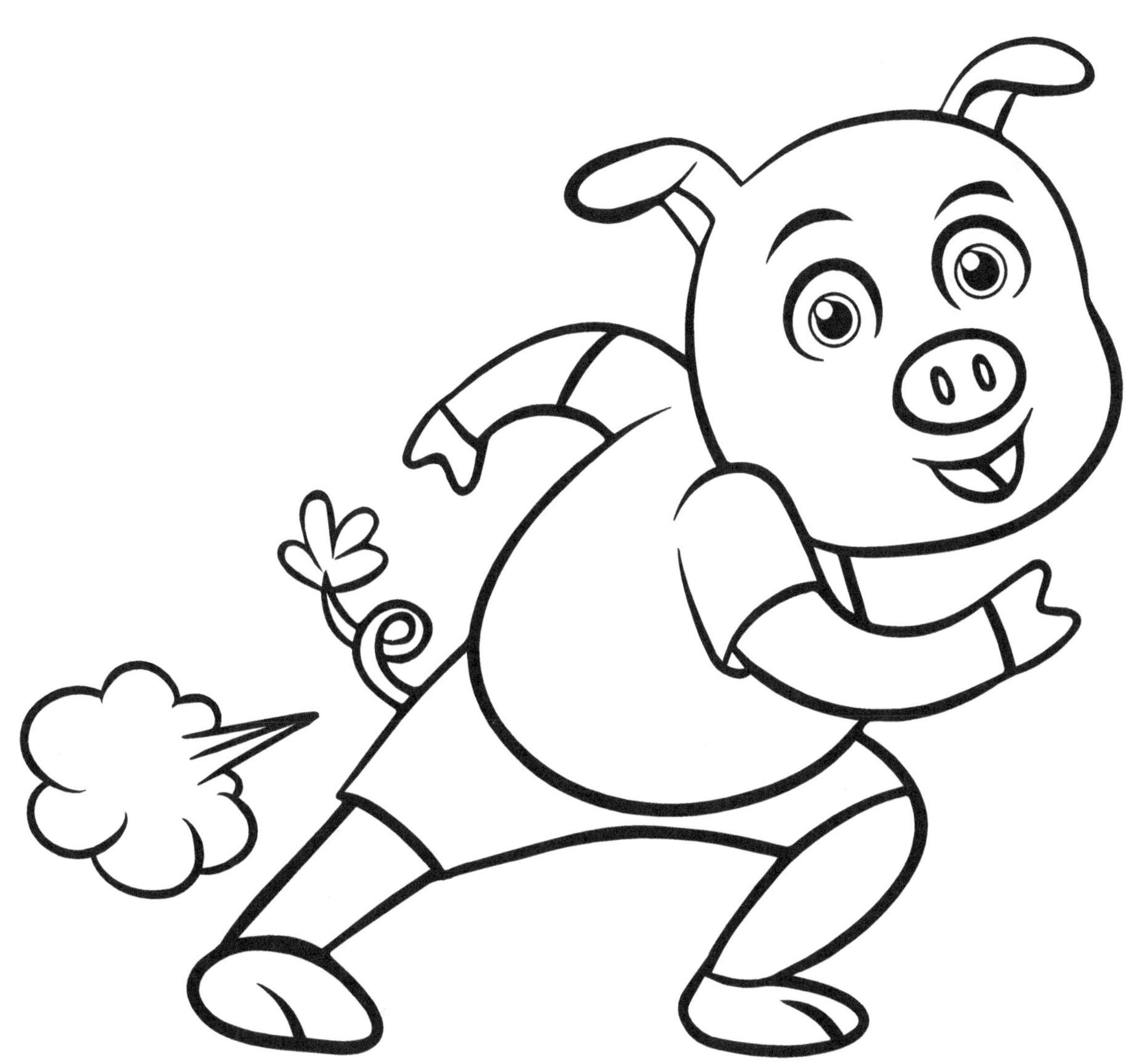

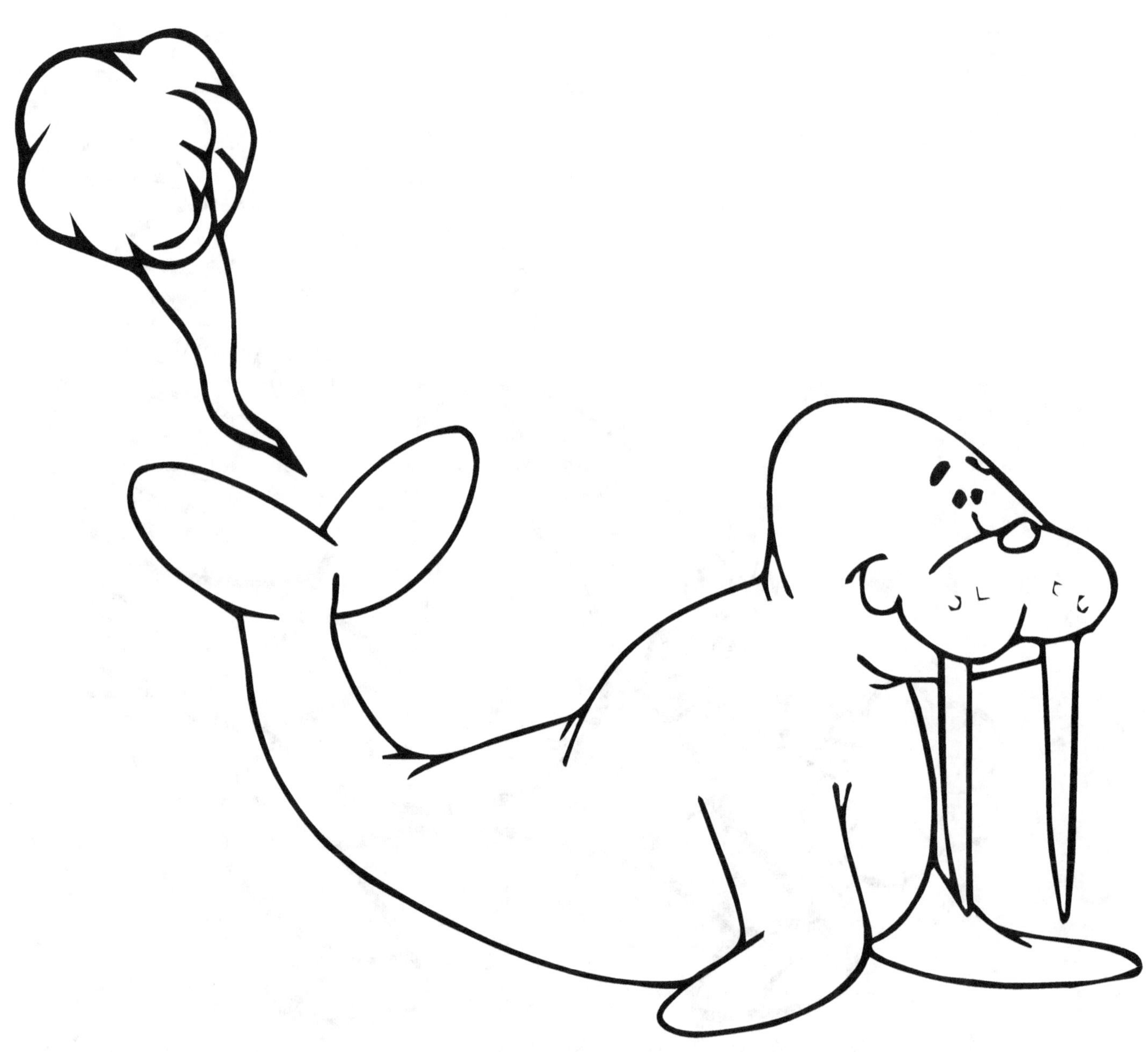

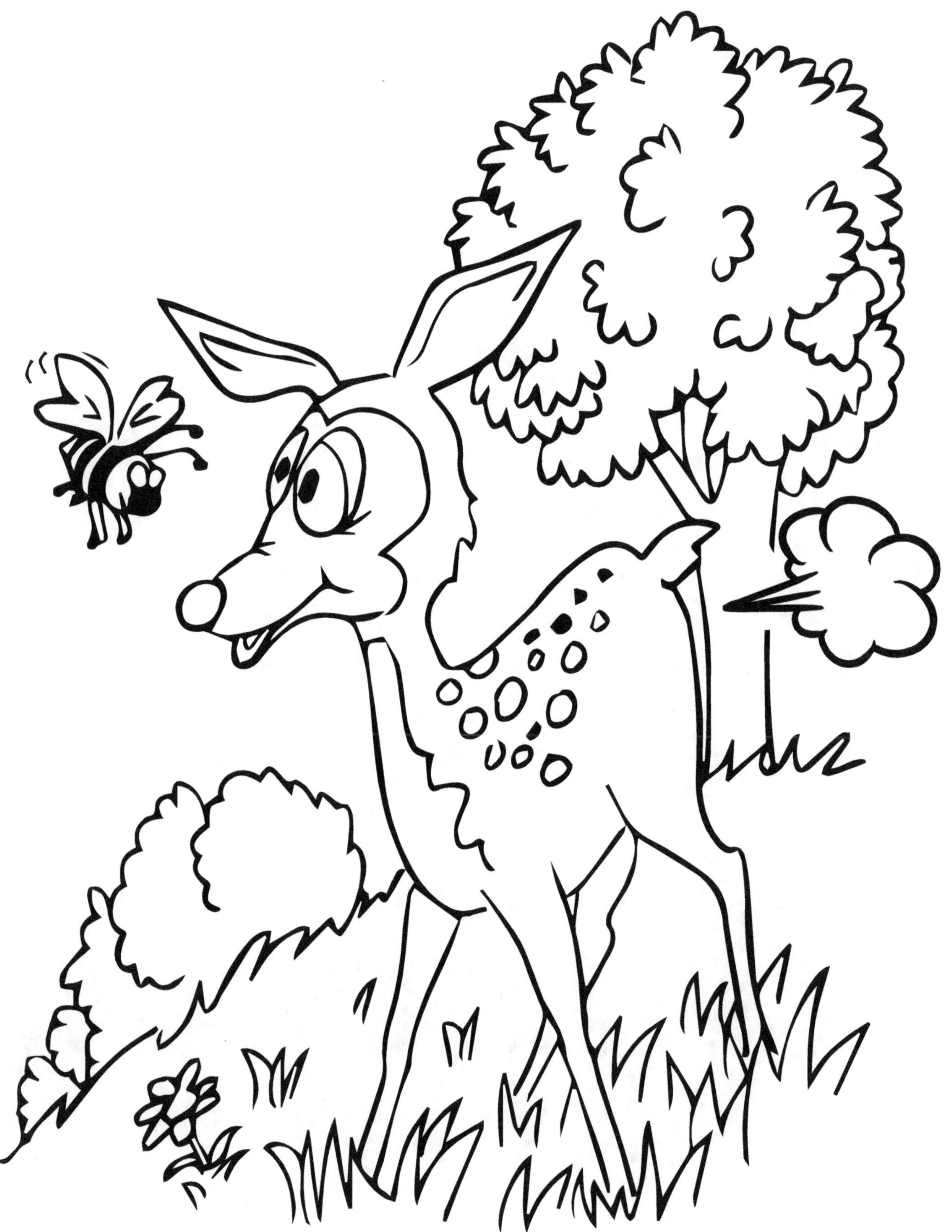

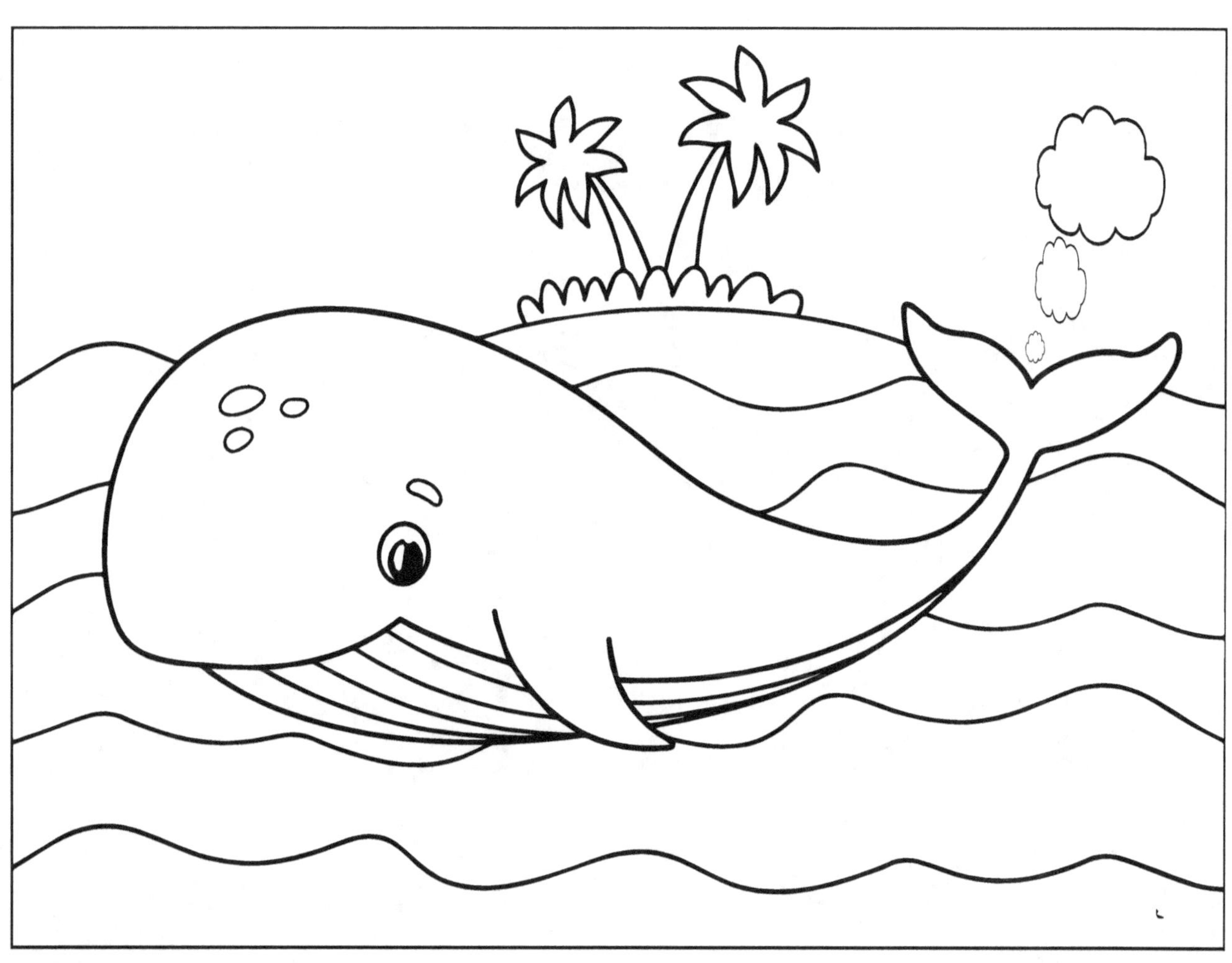

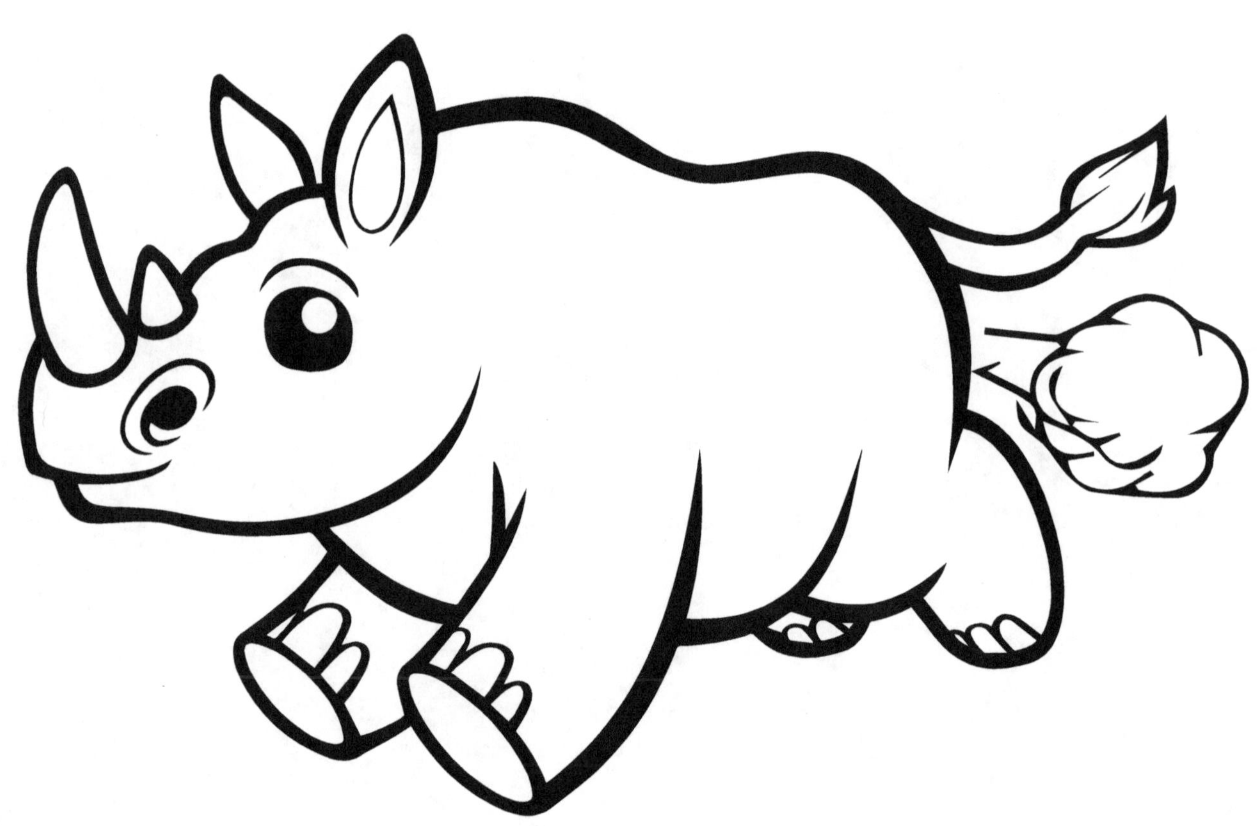

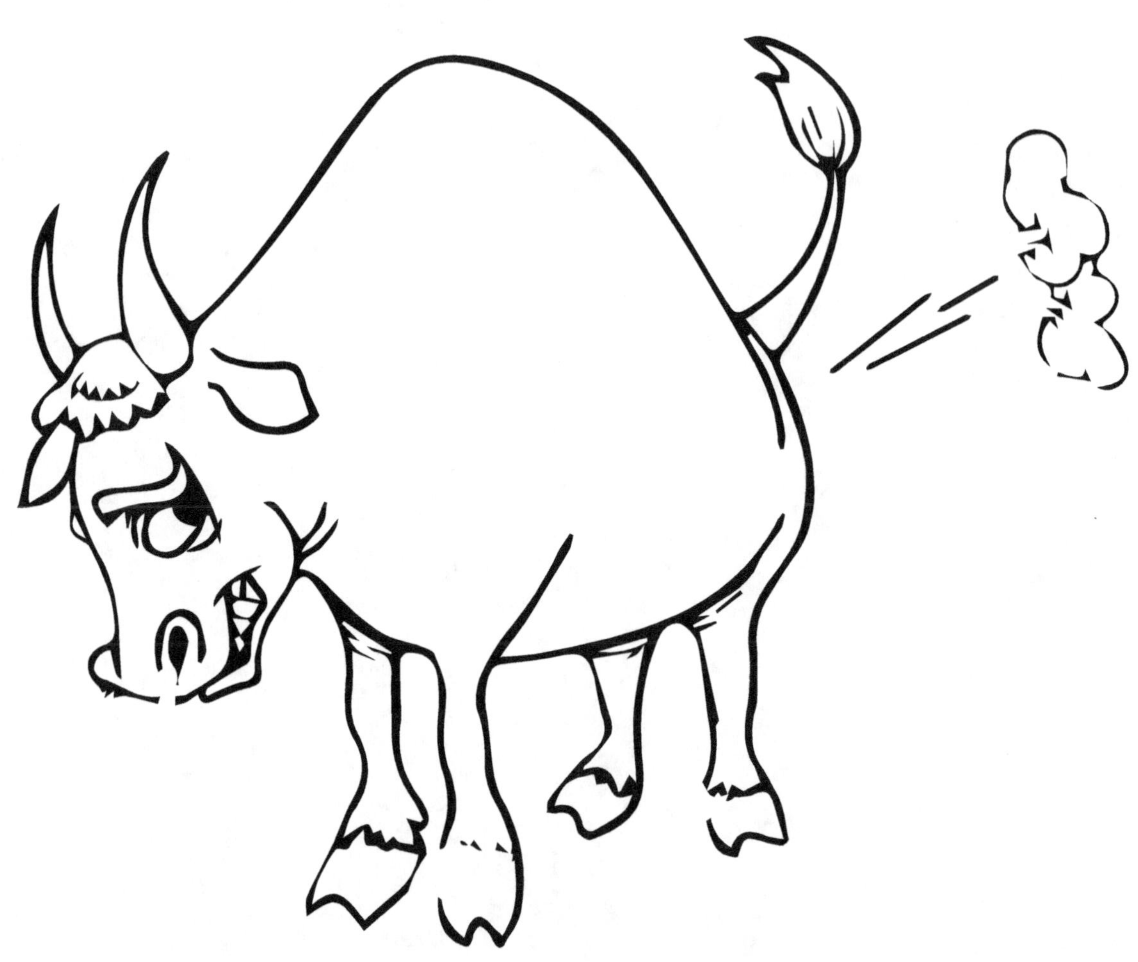

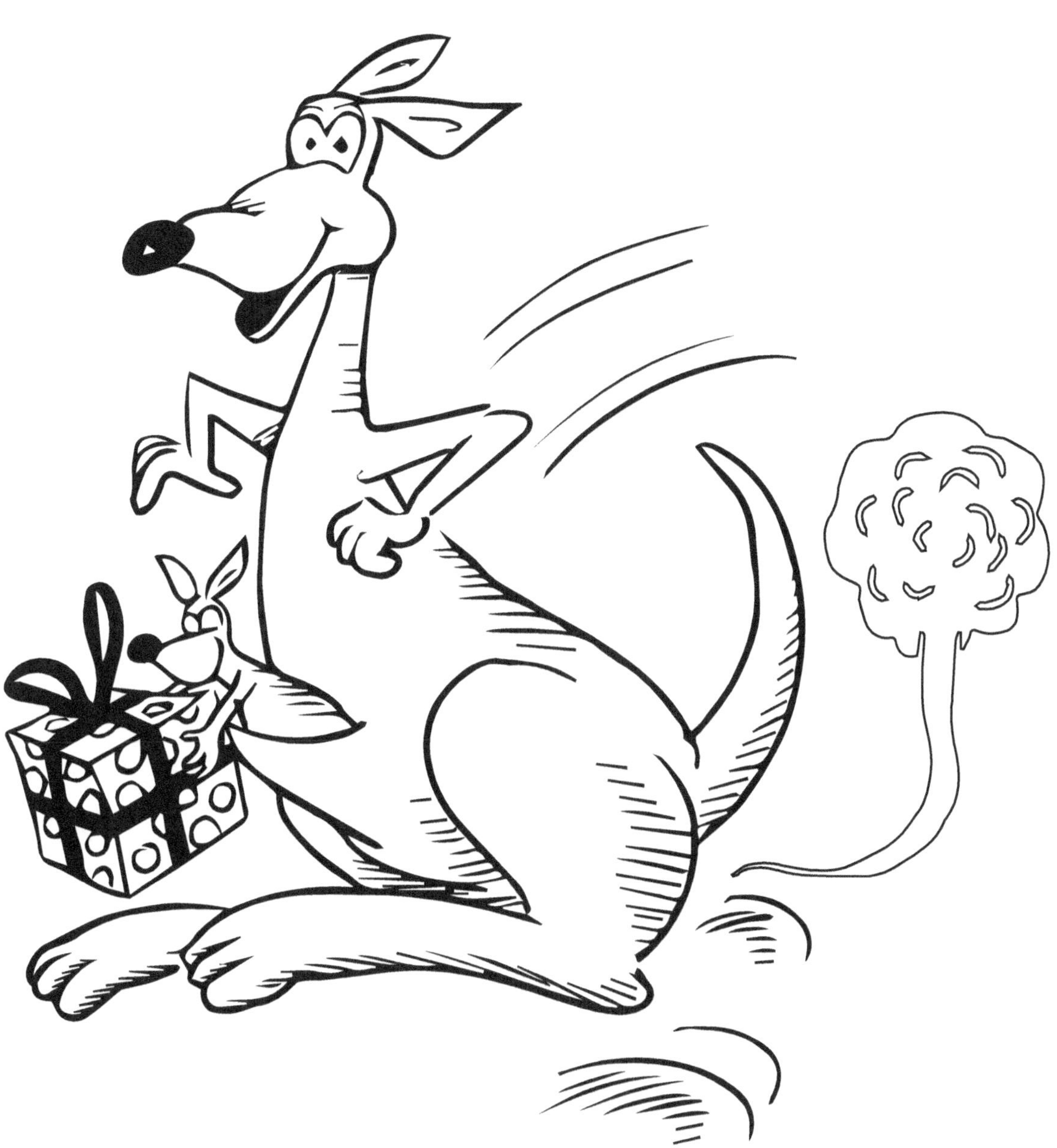

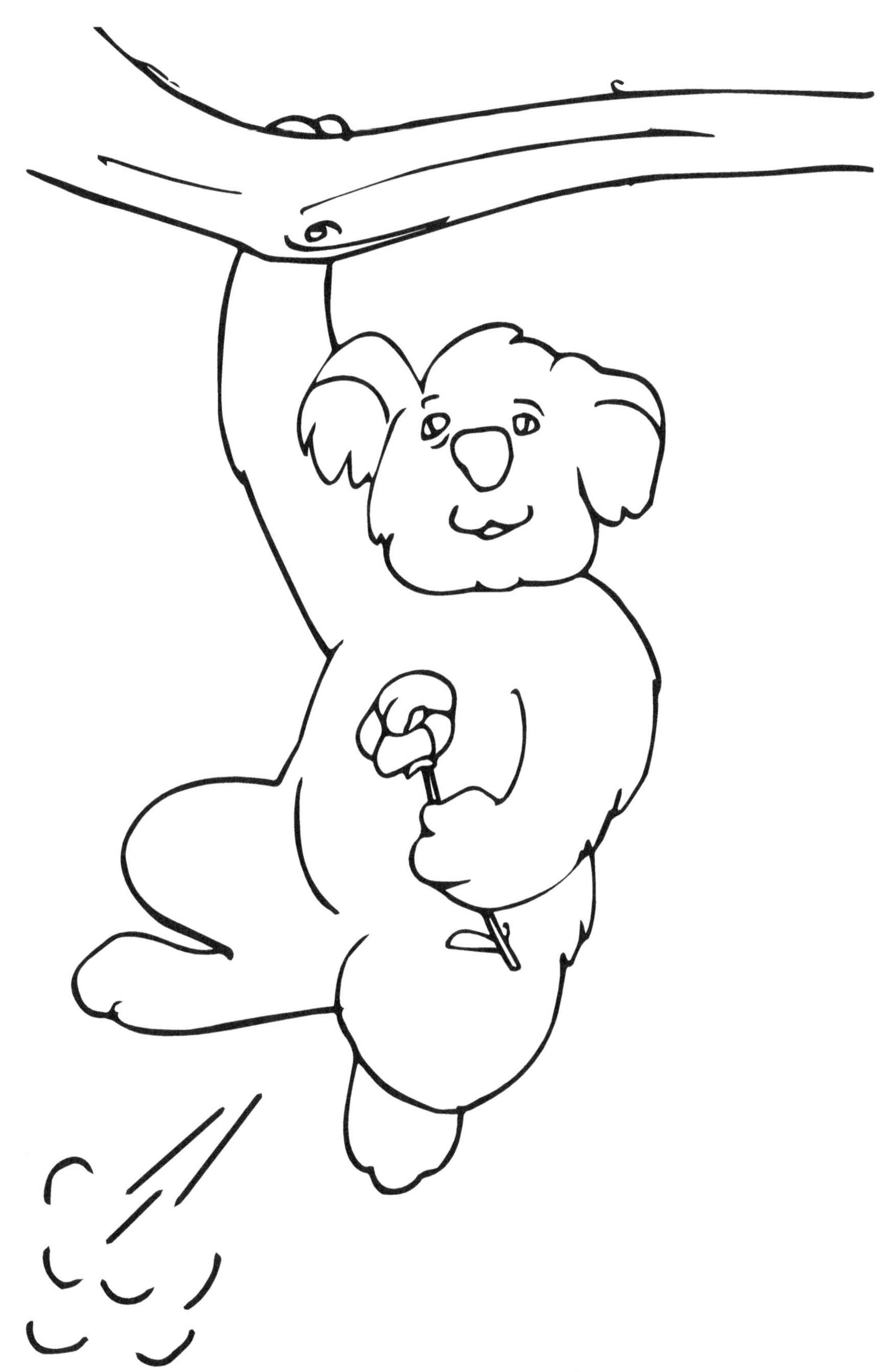

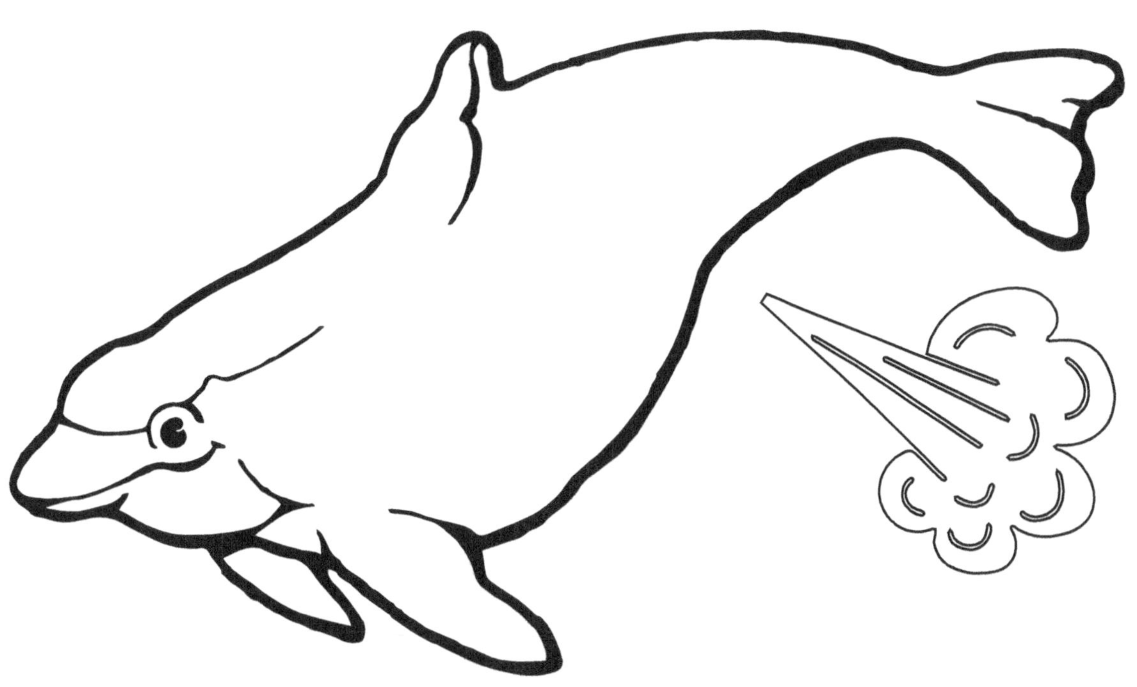

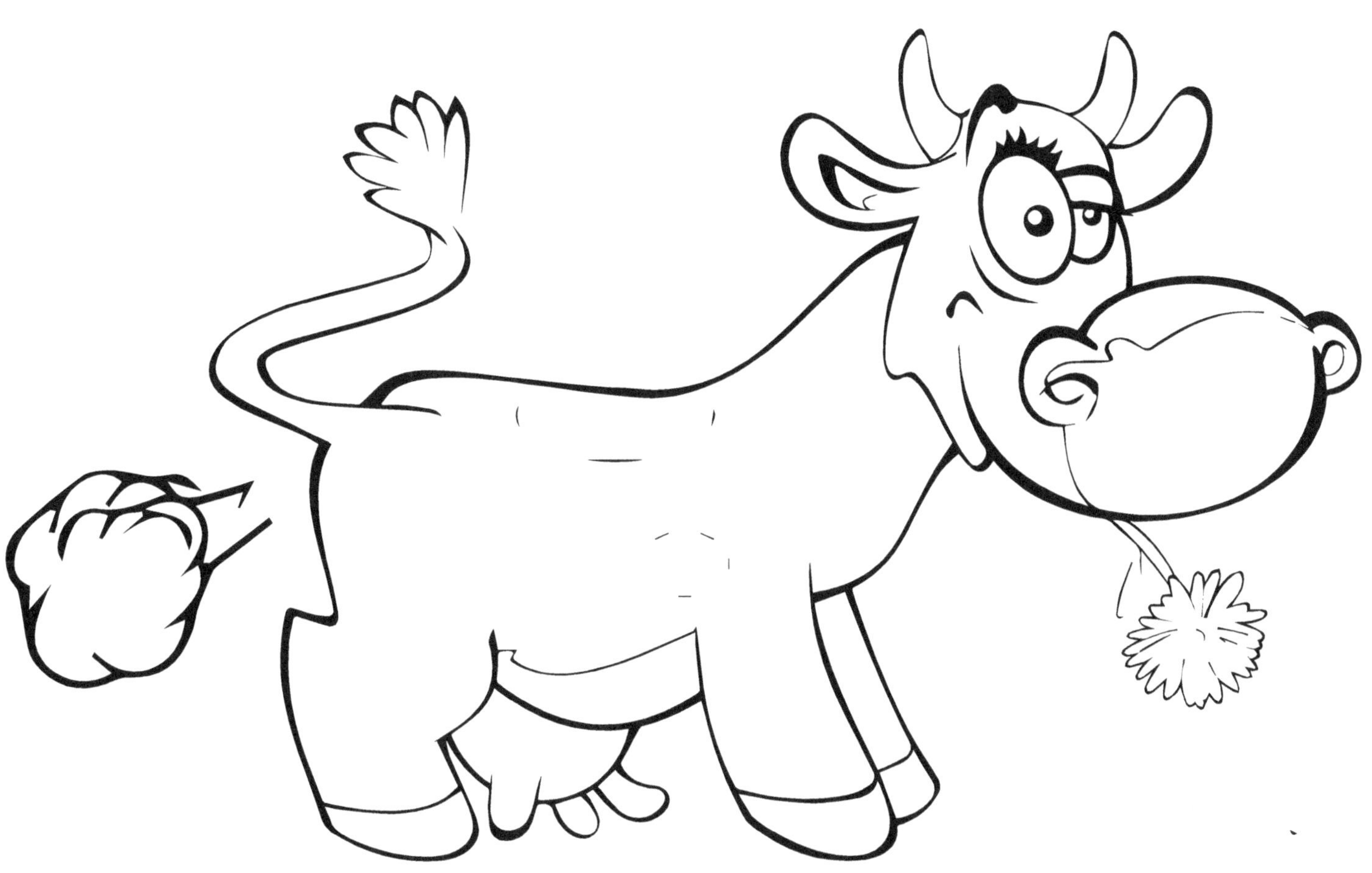

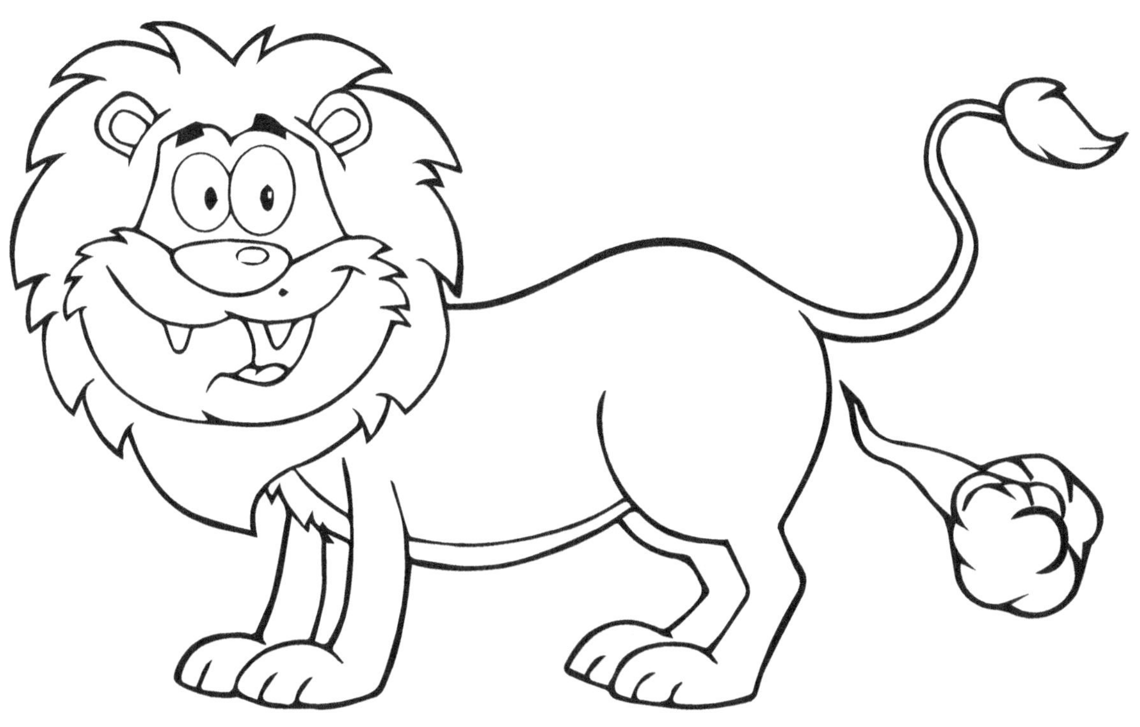

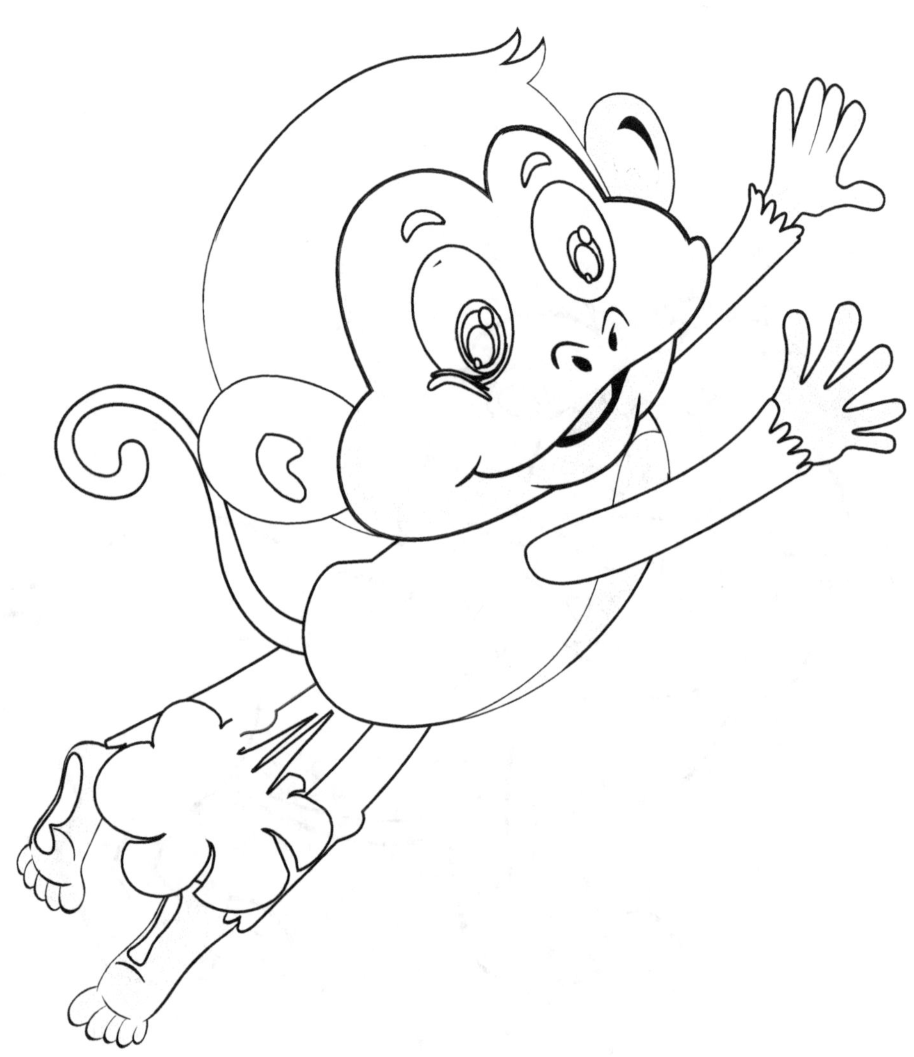

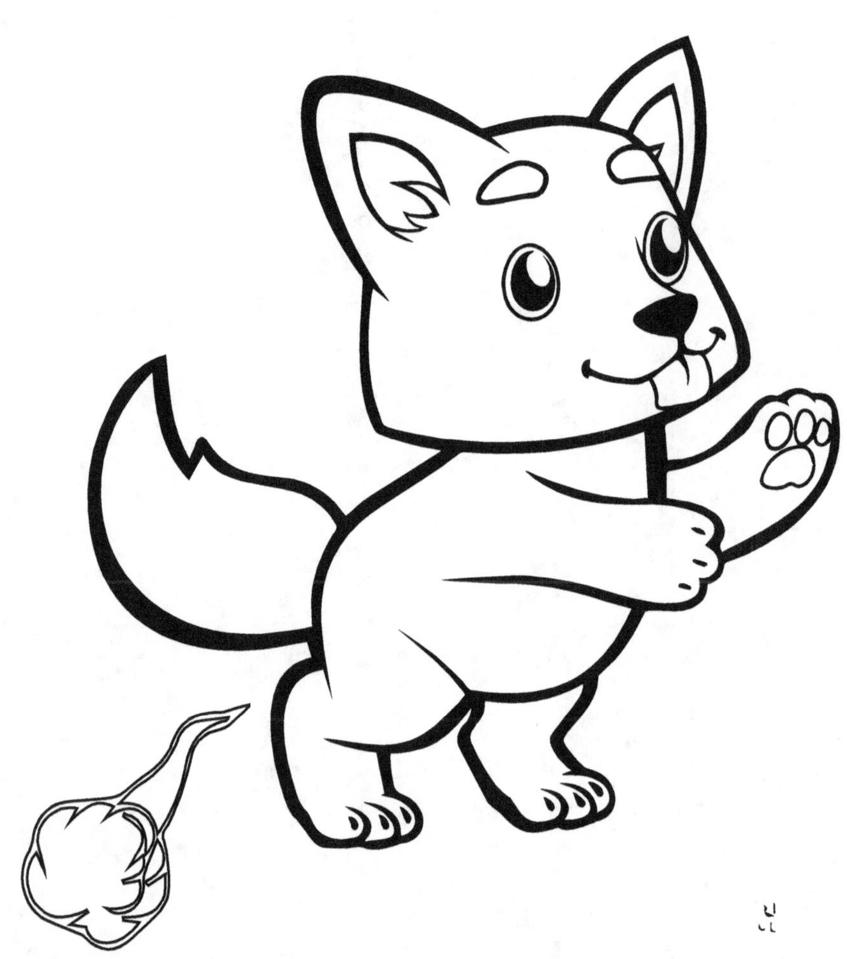

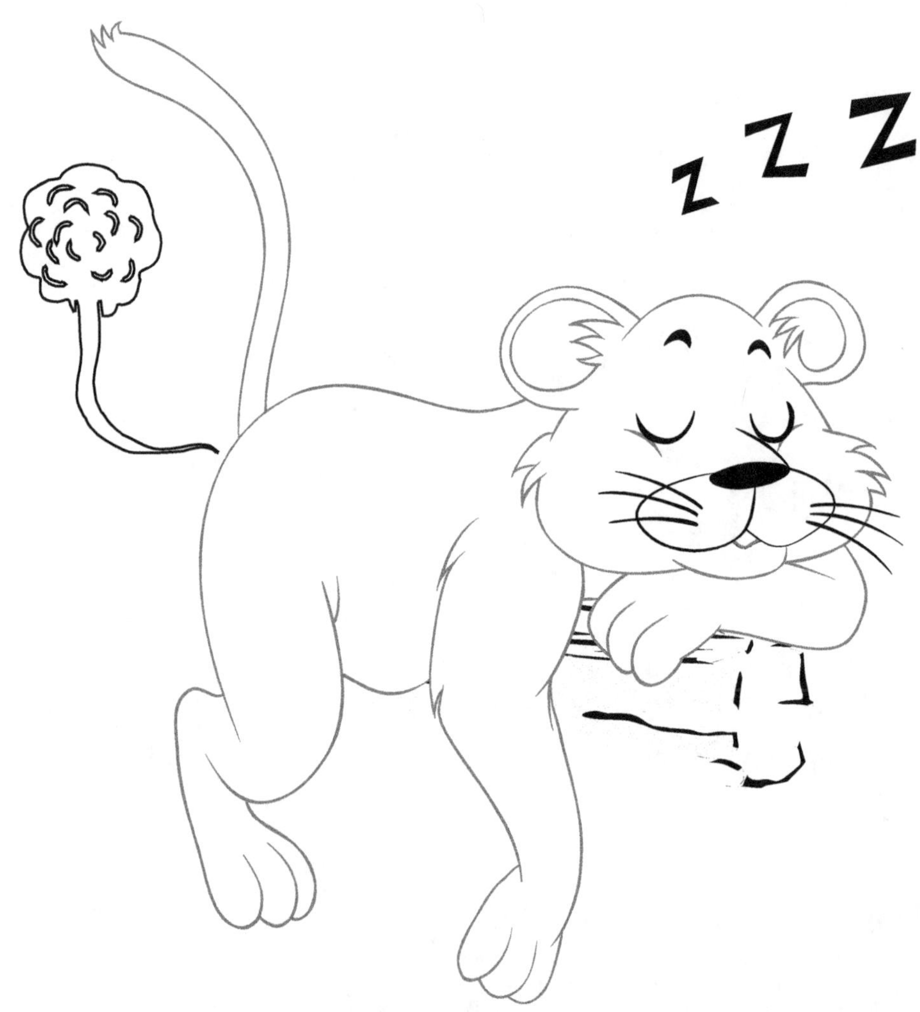

ZZZ

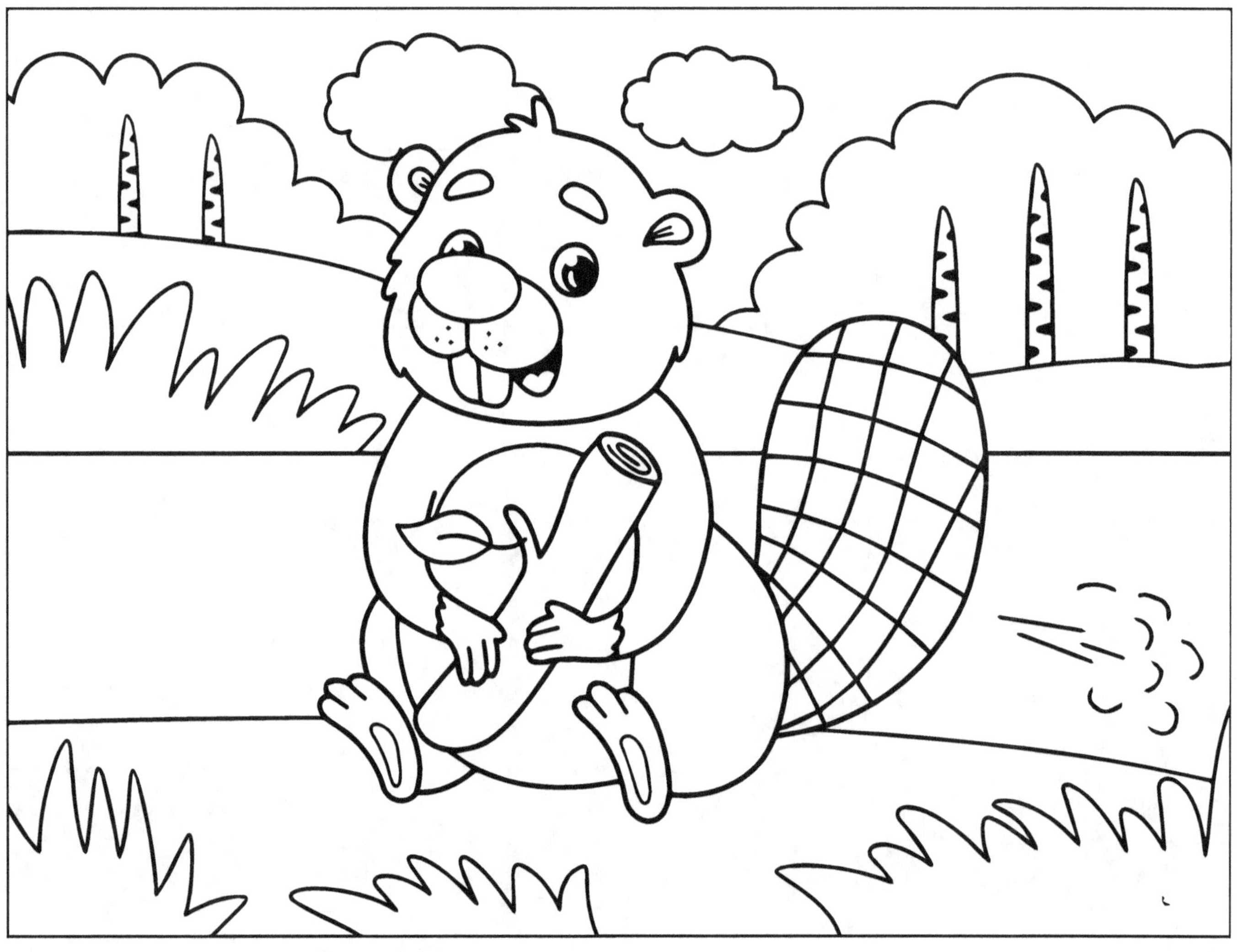

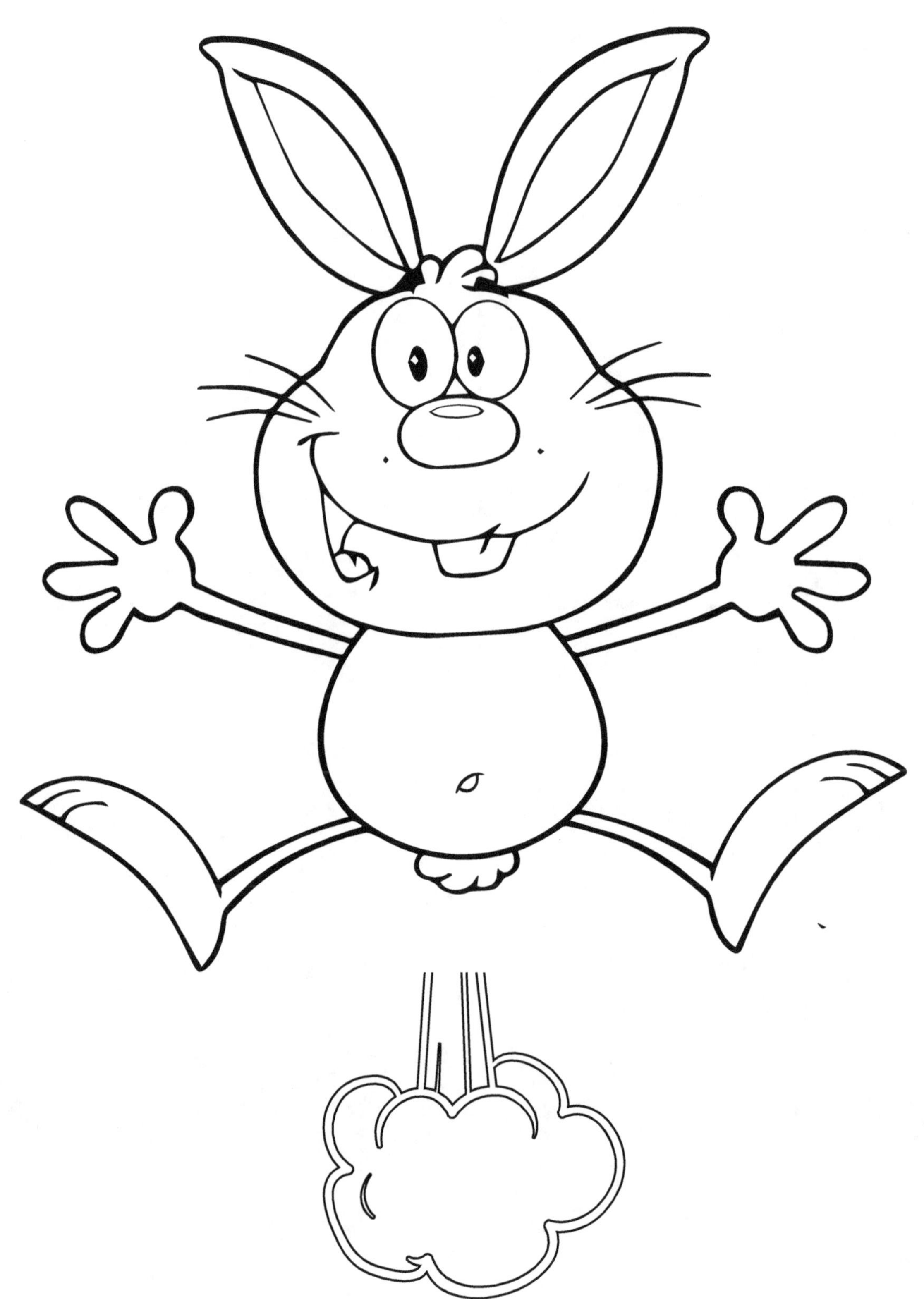

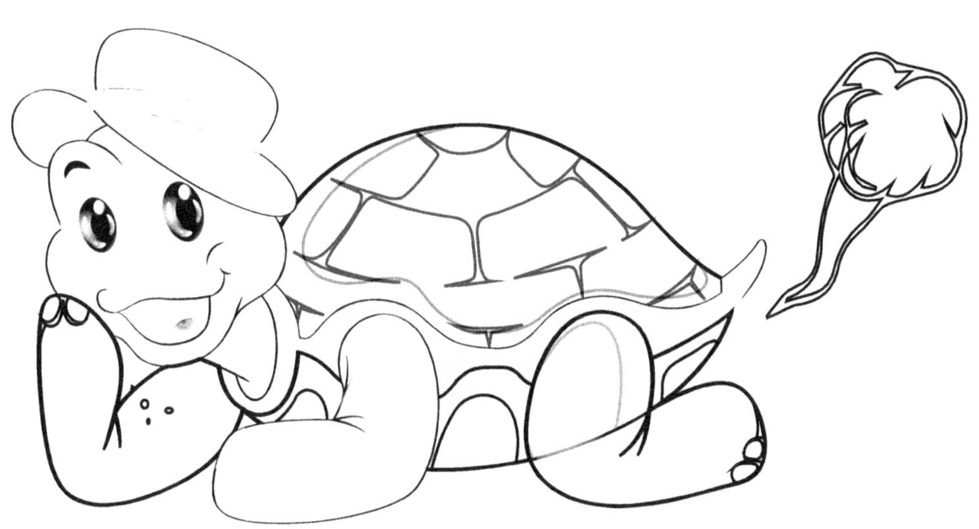

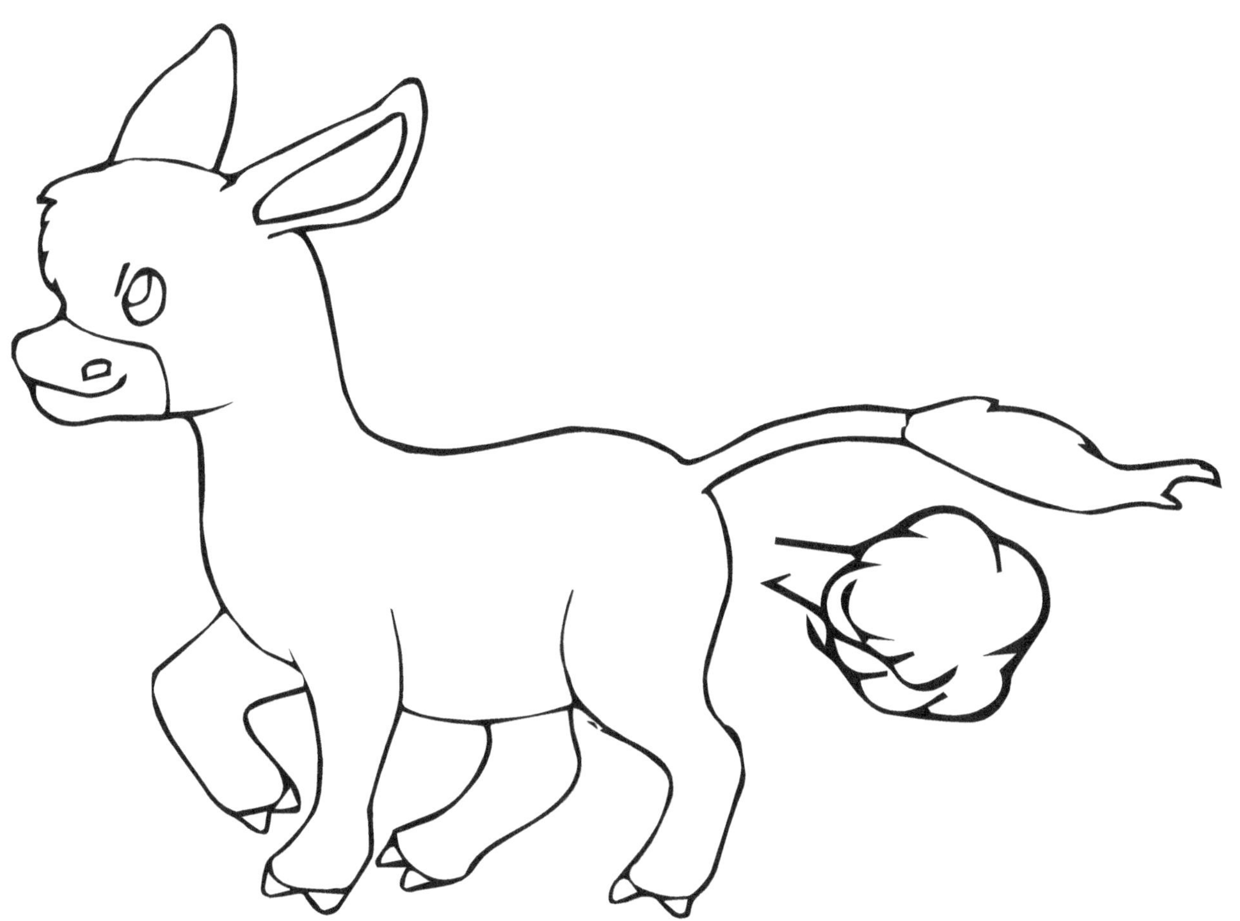

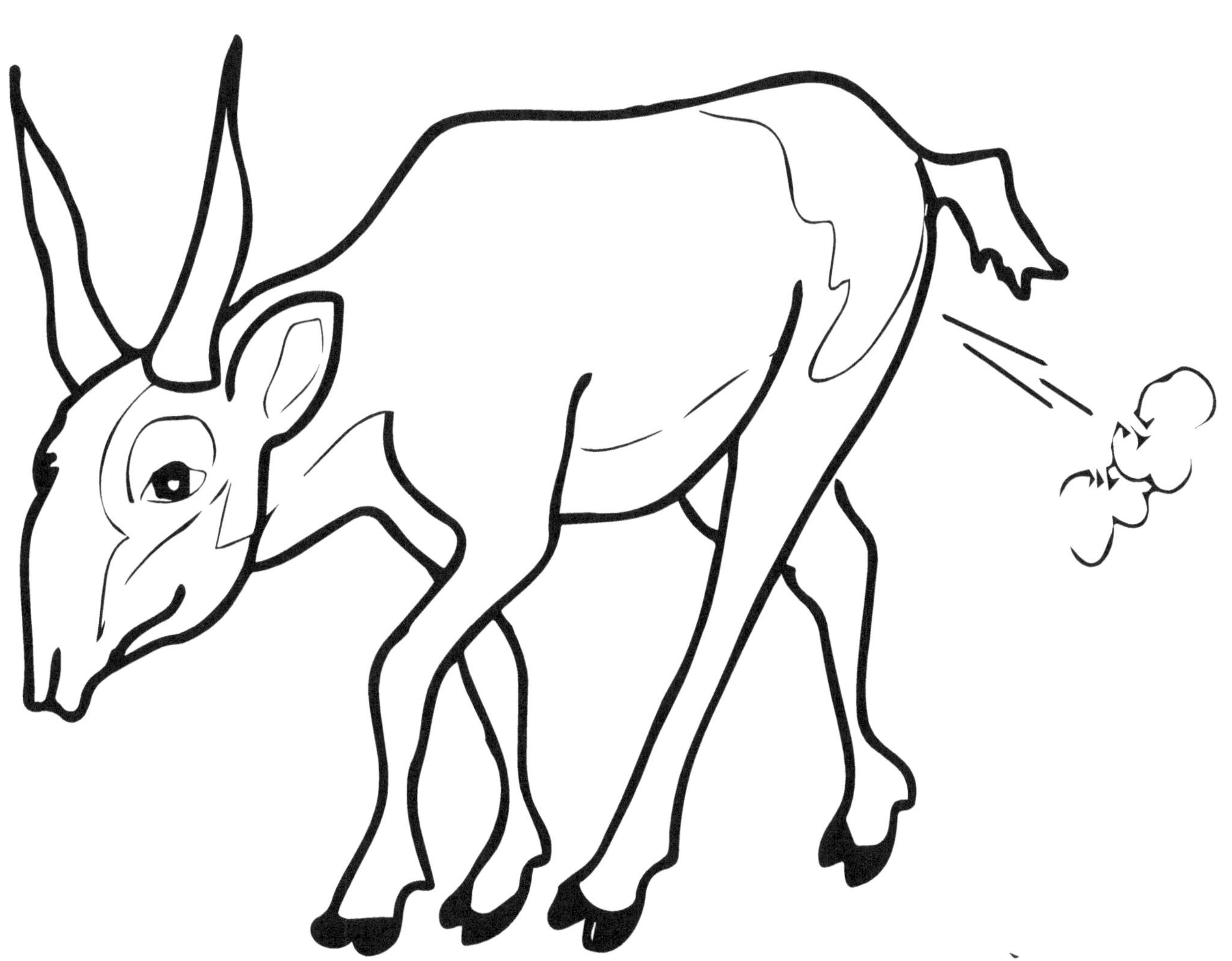

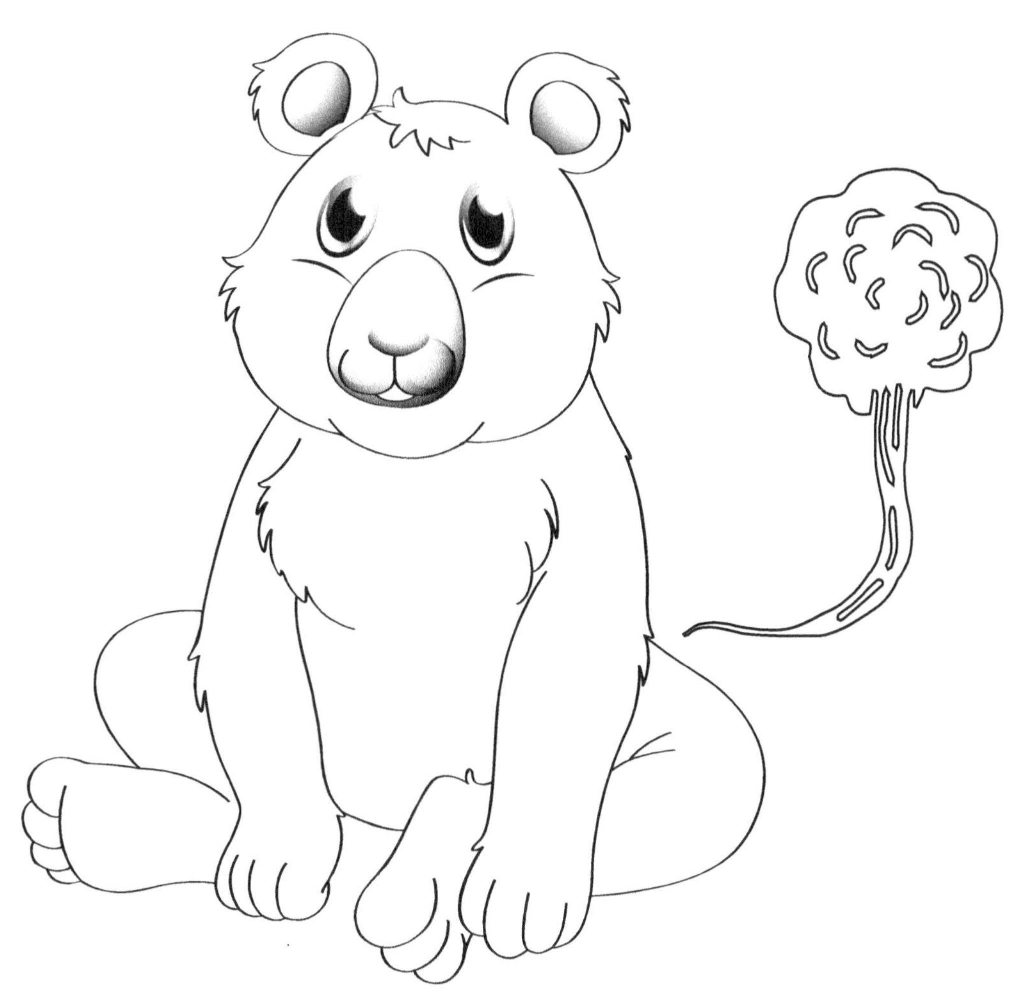